宗教vs.国家

フランス〈政教分離〉と市民の誕生

工藤庸子

講談社現代新書

1874

はじめに

「フランス国民」とキリスト教

「キリスト教徒である、白人である、フランス語をしっかり話せる」という条件をみたさなくても、「フランス国民」とみなせるか、という意識調査がある。これに対して寄せられる回答の大多数が、肯定的なものであるという。つまり「キリスト教徒ではなく、白人でもなく、フランス語をしっかり話せない」者に対しても、市民権を与えてよいという意見が大勢を占めている。

建て前はそうなのだが、考えてみれば「キリスト教徒」という宗教的アイデンティティの設問が、堂々と掲げられていること自体、なんだか奇妙に思われる。フランスのカトリック教会は一八世紀末の大革命の時点で国教としてのステータスを失っている。二〇世紀の幕開けには、「政教分離」が法律によって定められ、個人の信仰が問われることはないという原則が確立したのではなかったか。

「キリスト教徒ではない」という条件が、じつは「イスラームであっても」という仮定を暗示していることは容易に推察できる。二〇〇六年の夏、サッカーのワールド・カップのグラウンドで、アルジェリア移民二世の選手がイタリア人選手の挑発に頭突きで応え、退場を命ぜられた。異様なのは、この場面があたえた衝撃の大きさだった。ああ、やってしまった！　と世界中のテレビ観戦者が固唾《かたず》を呑んだ。ジネディーヌ・ジダンは一九九八年のフランス・チーム優勝の時点では、フランス文化の多元性を体現し、これを融和にみちびく貴重なシンボルとみなされていた。その英雄が、差別と人種主義を一瞬のうちに露呈《ろてい》させる仕掛けのような役回りを演じてしまったということか。誰も耳にすることのなかった罵《のの》り《し》の言葉について憶測が飛びかい、要するに移民問題とイスラームという宗教がからむ事件であるという論説が日本のジャーナリズムをにぎわせた。

宗教と人種の相違は、国家の内部に住みついた「他者」を周縁化し、排斥《はいせき》するための強力な武器となる。今日のフランス国内で、そうした差別と暴力にさらされる確率がもっとも高い集団は、アラブ・イスラーム系の住民だろう。一世紀前のフランスでは、人種としてのユダヤ人が標的になっていた。大革命以前のフランスでは、カトリック教徒だけが、国王の善《よ》き臣民だった。プロテスタントおよびユダヤ教徒には、フランス国民としての市民権はもとより基本的人権も保障されていなかった。

本書では、キリスト教という切り口から市民社会の成熟するありさまを見てゆきたい。

これまでにわたしが読んできたフランス近代小説を出発点として、歴史学や社会学の文献を参照しながら考察をすすめることになるだろう。「市民」のフランス語はシトワイヤン citoyen で英語ならシティズン citizen だが、この語彙《ごい》はラテン語のシヴィス civis に由来するものであり、概念としては、古代のポリス的な市民社会に起源をもち、中世の都市社会を経由して、身分制社会の終焉《しゅうえん》する近代にまで受けつがれたものである。ただしこうしたことを正面からとりあげようというのではない。たとえば成瀬治『近代市民社会の成立——社会思想史的考察』で俎上《そじょう》に載せられるアリストテレス、ジャン・ボダン、ルター、ホッブズ、ロック、シャフツベリー、アダム・スミス、カント、ヘーゲル等々を論評しようなどという野心もない。「共和国の市民」を自任したジャン＝ジャック・ルソーを語らずして何を語れるかという指摘もあろうけれど、検討するのはフランス大革命から二〇世紀の幕開けまでと限定しておこう。

「人権とカトリック」という問題提起

第二次世界大戦後の一九四八年一二月一〇日、国連総会で採択された「世界人権宣言」は、フランス革命時の「人権宣言」を範にして起草されている。ここで紹介するエピソードは、一九九八年に日本で「世界人権宣言五〇周年」の記念行事が行われていたときのこと。役所もからんで制作されたポスターの一枚に、人道的な活動によってノーベル平和賞を受けたマザー・テレサの姿が大写しになっていたものがあり、これを見てふと足をとめたヨーロッパ人が、「日本では、カトリックと人権というのは何か関係があるのか」と怪訝《けげん》な顔をしたという。マザー・テレサはアイルランドの修道会の出身で、インドのダージリンに修道女として赴《おもむ》き、「神の召命《しょうめい》」を受けて貧困救済のために生涯を捧げた人物。西欧の視点からすれば、この女性はカトリックのシンボルだというのである。

じつはこの話、樋口陽一『個人と国家』に紹介されている出来事であり、著者はこう問いかけられて、それまで自分が何気なく見ていたポスターが、ヨーロッパの友人にとっては思わず立ちどまるほどに違和感をいだかせるものだったという事実を、あらためて確認したという。第一線の憲法学者たる樋口陽一氏は、ここで友人が何をいおうとしているのか、ただちに思い当たったと述懐するのだが、そうした異文化理解の感性と基礎的な知識は、残念ながらいつのまにか身につくという種類のものではない。なぜ、マザー・テレサが「人権」を体現することが、一般の日本人にとっては自然であり、西欧的な伝統においては奇妙に思われるのか。つづく段落の、著者による説明を引用しよう。

西欧の「人権」という観念から言いますと、人権というのはまさにキリスト教と政教分離の大闘争をやって闘い取ったものだという認識です。「カトリック教会の長女」と言われた伝統――長女というのは、フランス語やドイツ語では名詞に女性名詞、男性名詞がありますが、フランスという国名が女性名詞ですから、それで長女になるわけです――を持つフランスで、フランス革命の理念を実質化するための一八七五年体制のもとで、議会中心の共和制が定着していきます。その初期の共和制を安定させるための大闘争が、選挙によって選ばれた共和制の政治権力と伝統的に王党派の牙城《がじょう》であったカトリック教会との正面対決だったのです。

教皇庁を頂点とするカトリック教会と歴史的に深い縁《えにし》をもつフランスの絶対王政が、崩壊への道を辿りはじめたのが、一七八九年。その後の歴史の展開を大まかに記しておこう。

第一共和政（一七九二―一八〇四）
第一帝政（―一八一五）
王政復古（―一八三〇）
七月王政（―一八四八）
第二共和政（―一八五一）

第二帝政　（―一八七〇）
第三共和政（一八七一―一九四〇）

ご覧のように、革命勃発《ぼっぱつ》から八〇年以上が経過した第三共和政になって、フランスは、ようやく初めての安定した共和政の政権を築くことに成功した。

引用に記された一八七五年体制とは、王党派にかわって共和派が議会の実権をにぎったことを指し、その後ようやく「革命の理念」が「実質化」されてゆく。そのなかで「キリスト教と政教分離の大闘争をやって闘い取ったもの」が「人権」であるというのだが、ここでいう「政教分離」とはどのようなものなのか。

現代世界の問題としての「政教分離」

一般に「世俗化」と訳されることの多い sécularisation という語彙は、「聖なるもの」と「俗なるもの」との力関係に着目する。宗教の社会的な機能が減少し、公共性が失われてゆく過程などを示唆する用語であり、たとえば教会出席率の低下といった現象が、象徴的な目安として考慮されるだろう。これに対して laïcité というフランス語には「非宗教性」「政教分離」という訳語が当てられる。本来は、法律などの次元に位置する概念で、制度的な決断を指す。いうまでもなく、宗教の制度的な位置づけは、国民のアイデンティティの根幹にかかわる問題であり、国民のメンタリティにも、知の営みのあらゆる局面にも不断に働きかけるだろう。本書では、そうした意味でフランス固有の政教分離を考えるときは、片仮名表記の「ライシテ」をつかうことにする。

すでにおわかりのように、「人権」のポスターにカトリックの修道女は馴染《なじ》まないと考える西欧の文化的感性は、ほかならぬ「ライシテ」とのかかわりのなかでつちかわれたものである。

ところでイスラームに関する歴史的解釈は、西欧諸国が自国における宗教の位置づけを模索検討するプロセスで、いわば陰画のように——非西欧的な相貌をもつものとして——描出されてきたといういきさつがある。今日でもしばしば見られる事態だが、政教分離を歴史の進歩と同一視して迷わぬ者が、返す刀でイスラームの後進性なるものを切って捨てることがある。この種の切り捨てが、西欧の視点、西欧の世界観に基づいていることは、まちがいない。ただし、これが西欧中心主義だと告発しただけで、何かが解決するはずもないだろう。

フランスで生まれた移民二世や三世のムスリムたちが、みずからのアイデンティティを模索する困難な作業にも、社会のなかに構造化された「ライシテ」という環境がふかくかかわっている。フランスの市民社会は「ライシテ」の原則と不可分のものとして成長を遂げてきたといっても過言ではない。

さて幸いに、と言うべきか、わが国の日常生活においては、制度化された宗教の隠然たる存在を感じることがほとんどない。すでに脱宗教化が完了したような環境にいるわたしたちにとって、遠いヨーロッパの「カトリック教会の長女」が二世紀にわたってあゆみつづけている特殊にして困難な道程《みちのり》を跡づけてみることに、どのような意味があるというのだろう。

ただちに思いつく答えは、次のようなものだ。宗教の位置づけという観点からすると、アメリカとイギリスとドイツとフランスは、明らかに異なる道を辿っている。テレビの報道を思い出していただきたい。アメリカの大統領選では、日曜礼拝にかよう敬虔《けいけん》なクリスチャンというイメージが票集めに不可欠であるらしい。そして新大統領は、聖書に手を置き、キリスト教の神の名において宣誓をおこなうことになる。イギリスの国教会は王制と一体となっており、国政においても国教会の聖職者だけが上院に一定の議席をもっている。ドイツでは、宗教団体の教える教義そのものが公立学校の正規科目として認められている。さらに国家は聖職者の俸給に補助金を出す。以上のすべてが、フランスでは許容されぬはずである。大統領も国会も学校教育も「ライック」laïque つまりライシテの原則に忠実でなければならないからである。

こうした国家の個別性を知ることは、さらに大きな構図、すなわちキリスト教とイスラームの対峙《たいじ》する世界の構図を理解しようとするときに、欠かせぬ基礎知識となるだろう。宗教対立をめぐる論争において、他者への寛容を説く道徳論は一般に耳に心地よく、しかも即効性のある解決を提案しているかのように見える。しかし多くの場合、それは論者の知的怠惰《たいだ》をおおいかくすヴェールにすぎないようにわたしには思われる。

「小説」と「歴史」

妙な言い方かもしれないが、わたしたちの世代は文学作品をきわめて文学的に読んできた。たとえばフロベールの『感情教育』では貞淑《ていしゅく》な人妻と純情な青年との実りなき愛というドラマが前景にあり、一八四八年の二月革命が、さながら舞台装置のようにこれを背後から支えているという読み方がそれである。しかし考えてみれば当然のことながら、レアリスム小説の野心とは、まさに同時代についての厳正にして全体的な証言者となることだった。年金生活者の主人公フレデリックも、羽振りのよい画商から怪しげな陶器の製造業、そして宗教関係の骨董屋へと職を変え、落ちぶれてゆくアルヌーも、資本家の走りといえるダンブルーズも、じつは「市民」の一類型として描かれている。副次的人物のなかには文字通り「市民《シトワイヤン》」という綽名《あだな》をもつ人物もいる。パリの街中のカフェからカフェへとはしごして、座れば新聞に目を通し、あらゆる政策について不満を表明し、外交を論じ、政治から実業の世界まで、すべてに通暁《つうぎょう》した論客のようにふるまうが、そのじつ生産的な営みにはいっさい手を出さない。ルジャンバールは、世紀半ばの遊民的な「市民」のカリカチュアなのである。

そこで今回は、文学批評などにはこだわらず、小説を率直に読んでみる。テクストに書かれていることを確認してゆけば、歴史学や社会学の文献には描かれることのない、生きた人間たちの心情や生活が、おのずと見えてくることだろう。

もとより宗教とは信仰生活だけに還元される精神の営みではないのであり、不可避的に社会制度としての側面をもつ。たとえば人の生誕と死に関与する法律や慣習などの問題があり、教育や家庭など万人の人生を左右する生活上の問題もある。その上で、宗教感情や神との対話など内面の問題ともなるのである。

これもまた小説好きの関心といえるかもしれないが、当時、女性はどこにいて、何をしていたか、女性の視点からすると世界はどのように見えていたのかと、折あるごとに問うてみたい。一九世紀はヨーロッパ文明の歴史のなかで「性差」の距離が最大限に開いた時代だった。教育の現場や、司祭による「告解《こっかい》」や、修道会のような空間で、いったいどのようなことが起きていたのだろう。歴史家モナ・オズーフは、信仰生活の相違から生じる男女の行き違いを「フランスの家庭内における精神的（＝霊的）・政治的な離婚」と呼んでいる。それほどに重大な何かがあったのだ。

（フランス語文献の引用は、とくに断りがないかぎり、筆者の訳による）

目次

第１章
ヴィクトル・ユゴーを読みながら

19世紀は「大ナポレオンとユゴーの世紀」という寓意（1897年の版画）

文化遺産としての『レ・ミゼラブル』

二〇〇五年七月にロンドンで起きた同時多発テロの報道で、ウェスト・エンドの劇場の壁面に掲げられた『レ・ミゼラブル』の巨大な看板が、目にとびこんできた。わが国でもお馴染みの、箒《ほうき》を抱えたコゼットの顔だけを大写しにした広告である。作品を好むかどうかは別として、これがフランスの一九世紀の世相を知る最良の手引きであることはまちがいない。史実としての一九世紀というだけではない。今日も世界各地で演じられているミュージカルのおかげで、長編小説の記憶が更新されている。そこに内包されたフランスの麗しい自画像も、日ごとに再生産されている。

それはさながら持ち運び可能な文化遺産のような具合なのである。じっさい『レ・ミゼラブル』とヴィクトル・ユゴーという名前ほどに、輸出向きのフランス製品はないだろう。ユゴー生誕二〇〇年を記念する学術雑誌に紹介された話だが、あるジャーナリストの報告するところによると、中米のホンデュラスの寒村に近年識字活動のために赴任したアメリカの宣教師が、シェイクスピア、ダンテなどの名を挙げてみたが、会衆一同は無反応のまま。ところがヴィクトル・ユゴーといったとたんに、ひとりの農民が立ちあがり「それは偉大な人物だ」と断言したという。じつのところホンデュラスの農民がこの長編小説をじっさいに読んだ可能性はかぎりなく低い。それでもユゴーが「偉大」であるのは何ゆえか。

植民地とヴィクトル・ユゴーの関係はふかい。この国民作家は、アフリカの植民地化をヨーロッパ文明の崇高な使命と考えており、フランスはユゴーの作品を携えて世界に侵出した。ホンデュラスの農民にとってユゴーは、ちょうど近代ヨーロッパにとってのホメロスに当たり、「文明」の起源にして象徴のようなものだった。

お馴染み『レ・ミゼラブル』のコゼット（パレス・シアター）。ロンドン初演は1985年という超ロングランのミュージカルである

キューバ出身の作家G・カブレラ＝インファンテによれば、ハバナの煙草工場では、作業中に朗々と本を読む「レクトール」という男がいて、労働者に人気があったのは、もちろんユゴー。これは作家の少年期の思い出らしいから、第二次世界大戦より前のはずだが、歴史をさかのぼるとキューバの刑務所には、ユゴーの存命中から同様の習慣があり、一八七〇年、スペインからの独立運動に際して、人道的介入を乞われたユゴーは「キューバの女性たちへ」という公開書簡を発表したという。インファンテは韜晦《とうかい》趣味のある作家だから、監獄での読書目録についてはどう調べたのかと思わぬでもないが、一方ユゴーの公開書簡は全集で読むことができる。余談ながら、捕虜虐待で知られたアメリカ軍のガンタナモ刑務所もキューバにある（G・カブレラ＝インファンテ『煙に巻かれて』）。

インディラ・ガンディーは『レ・ミゼラブル』を読んで貧困のなんたるかを悟ったと述懐したという。もうひとつ例を挙げれば、フランスの旧植民地ベトナムには、カオ・ダイ教という新興宗教があり、そこでは、ヴィクトル・ユゴーが聖人に叙せられている。以上のエピソードを要約すれば、ヴィクトル・ユゴーとは何かしら特権的な意味で、ヨーロッパ文明の符牒《ふちょう》なのであり、すでに神話になりおおせた存在ともいえる。

ところで『レ・ミゼラブル』という作品の顕揚《けんよう》する価値が、「自由」「正義」「友愛」といったものであることは、読んだことのない者でも察しているだろう。これらがフランス革命以降の非宗教的な思考のなかでつちかわれた理想であることも、容易に想像がつく。とはいえ作品の主張がそのまま著者の信念を反映していると断じることは早計なのであり、ここでユゴー自身の信仰という微妙な問題を切り捨てるわけにはゆかない。

ユゴーは神を信じていたか

一八〇二年から一八八五年まで生きたユゴーの活動は、『フランス文学辞典』(白水社)によると四つの時期に分けられる。もちろん人為的な分割にすぎないが、歴史の復習にもなるので、その年譜を要約しておこう。

第一期(一八二二―三〇)：カトリック的・王党派的な色彩の濃い作品を書き、ロマン派の若き総帥《そうすい》として活躍した。

第二期(一八三〇―五一)：ルイ＝フィリップの王家に接近し、しだいに自由主義的・人道主義的な傾向をつよめてゆく。一八四八年の二月革命を契機に、政治思想はいっそう急進的なものになり、一八五一年、ルイ・ナポレオンのクーデタに反対して国外追放となる。

第三期(一八五一―七〇)：亡命生活は、イギリス海峡のジャージー島、ガンジー島で、計一九年つづく。『レ・ミゼラブル』は、一八四五—四八年の初稿をもとに一八六〇—六二年に執筆されたものであり、この時期の思想を反映していると考えてよい。

第四期（一八七〇—八五）：帝政が崩壊したのち、民衆の歓呼に迎えられてパリにもどる。国民的作家として栄光につつまれて死去。遺骸は国葬の礼をもってパンテオンに納められた。

図式的な整理からは信仰の問題はほとんど伝わってこないだろうが、カトリックへの共感が薄れるとともに、その代償のように共和主義への信頼が固まってゆくというのが、大きな流れである。ただし、「カトリック」と「キリスト教」は、後者が前者を内包するというほど単純な関係にはないのであって、この点については、よく知られているユゴーの遺言が、参考になる。

私は五万フランを貧しき者たちに遺贈する。
私は貧しき者たちの霊柩車によって墓所に運ばれることを望む。
私は如何なる教会の祈禱も拒絶するが、すべての人に祈りを捧げてもらいたいと願う。

私は神を信じている。

ヴィクトル・ユゴー

死を直視したユゴーは、キリスト教の信仰をもつと宣言し、その前提に立って反カトリックの立場を明確にした。このように「信仰」と「教会」という語彙が決定的な場面で乖《かい》離《り》して、両者が背反することは、じつはまれではない。

ヴィクトル・ユゴーの葬儀は無宗教の国家的行事として営まれ、これを機に——靖国神社とは方向が逆であることに注意しよう——第二帝政期には宗教施設として使われていたパンテオンの脱宗教化が確定するのである。

そうしたわけで、『レ・ミゼラブル』のなかで、共和主義の理念が称《たた》えられていることは事実だが、それゆえに宗教的な問題構成は不在であろうなどと

1885年6月1日の国葬の前夜、ユゴーの柩《ひつぎ》は黒い垂れ幕の凱旋門に安置された

臆断することはつつしもう。まずは物語の発端におかれたテーマが、ミリエル司教の徒刑囚に対するキリスト教的な慈愛であることはよく知られている。徒刑場を荒野に見立て、コゼットへの愛を放棄するまでのジャン・ヴァルジャンの試練、そして孤独な死を、キリストの生涯と十字架上の死になぞらえるという読解も、文学研究としてはオーソドックスなものであるらしい。小説を一読すればわかることだが、たしかにジャン・ヴァルジャンは聖人のように死ぬ。

しかしこうした作品の複合的な主題にもまして、他ならぬ語彙のレヴェルで、宗教と非宗教の境界を設定することの困難さを感じさせる述懐がある。ユゴーが『レ・ミゼラブル』を完成させようと決意したころに書いた一節（一八六〇年六月一二日の手紙）。

全ての宗教を破壊する必要があるのだが、それは神を再建するためだ。私の言いたいことは、人間のなかに神を再建するという意味なのだが。神とは、すなわち真理であり、正義であり、善意であり、権利であり、そして愛である。

神の大いなる実在のなかに、真理と正義と善意と権利と愛を人間的な価値として定立しようというのである。神と向きあう人間の良心にささえられた人道主義と呼べばよいだろうか。破壊されるべき存在として指弾されている複数形の宗教が、カトリックをふくむ既存の諸教会を指すことはまちがいない。それはともかくとして、フランス革命によって大きな打撃を受けた「教会」が、ひとつの求心的で整合的な制度として、その後も機能していたわけではないだろう。その変容と多面的な相貌を知るための資料が、『レ・ミゼラブル』にはたっぷりと盛りこまれている。じっさい関連資料の宝庫のような作品なのである。

苦難の旅をする元徒刑囚ジャン・ヴァルジャン

ミリエル司教の約束

ジャン・ヴァルジャンの改心の物語は、わたしの世代の人であれば、学芸会の演目としておぼろげに記憶していることだろう。徒刑囚の刑期を終えたばかりの旅人が、すさんだ風貌と身元を証す黄色いパスポートのために、どの旅籠《はたご》屋でも冷たくあしらわれ、空腹のまま路上に横たわっている。親切な老婦人が指し示した小さな家の扉を叩くと、思いがけず小柄な聖職者とその妹が温かく迎え入れてくれた。質素ではあるが心のこもった食事を供され、寝床に案内された男は、皆が寝静まるとそっと起き出して、目をつけていた銀の食器を盗み、逃走する。その男を引っ立ててもどってきた憲兵に対し、聖職者は、たしかに銀器は自分があたえたものだと証言し、なぜ一緒にわたした一対の銀の燭台《しょくだい》をもってゆかなかったのかと問いかける。解放されて呆然とする男にむかい、

「忘れてはいけません、ぜったいに忘れてはいけませんよ、この銀を使ってあなたはまっとうな人間になると約束したことを」

ジャン・ヴァルジャンは何も約束した覚えなどなかったから、あっけにとられたままだった。司教は、それらの言葉を口にするとき、念を押すように語ったのだった。

それから、おごそかに言葉をついだ。

「ジャン・ヴァルジャン、わが兄弟よ、あなたはもう悪にしたがう人ではない、善にしたがう人なのです。わたしは、あなたの魂を買い取りました。邪悪な考えから、破滅の精神から、その魂を引き離すために。そしてわたしは、その魂を神に捧げます」

長編小説の終幕で、臨終の床にあるジャン・ヴァルジャンはこれらの燭台の光に照らされて、神々《こうごう》しいほど安らかに瞼《まぶた》を閉じることになる。しかも著者ヴィクトル・ユゴーと同様に、司祭から終油《しゅうゆ》の秘蹟を受けることを拒んで死んだのである。

二点ほど確認しておこう。この時代、前科者は、行く先々で「黄色のパスポート」を提示することを義務づけられており、落伍した「市民」に対する監視のシステムは、充分に機能していたと思われる。ミリエルについていえば、ジャン・ヴァルジャンが、しがない町の司祭だと勘違いしたのはもっともで、そのつましい暮らしぶりは高位聖職者らしからぬものだった。予備知識なしに学芸会の演劇を見る者は、ジャン・ヴァルジャンの驚きを分かちあうだろうけれど、じつはこのエピソードは文庫本（新潮文庫）で、ちょうど一五〇ページほどのところにおかれており、そこまではもっぱらミリエルという興味深い人物に焦点が当てられている。

法服貴族の家に生まれたミリエルは、浮薄な青年時代を送ったが、大革命でイタリアに

ミリエル司教

亡命し、家も没落して帰国したときは、しがない司祭になっていた。この人物の品格を眼光鋭く見抜いたのは、大ナポレオンその人だった。すれちがいざまにひと言の才気あふれる応答があっただけなのに、いきなり司教に任命されたのである。

聖職者のステータス

ここでまず、ふと考えこみ、自問してみなければならない。カトリック教会の聖職者、それも司教ほどの高位聖職者なのに、その任命権はローマ教皇ではなく、世俗の権力にあったのか？　数十年に及ぶ波乱万丈の歴史をとりあえず二〇行ほどで復習しておこう。
もともとフランスには絶対王政の時代から、教会をローマ教皇庁から独立させて王権の支配下に置こうとする「ガリカニスム」gallicanisme の伝統がある。ちなみにガリアあるいはゴールはフランスの古代の地名であると同時に、紀元前五〇年頃のカエサルによる征服以前の先住民を指す。

さて大革命のさなか一七九〇年七月に採択された「聖職者民事基本法」は、この伝統に基づいてローマ教皇との絆《きずな》を断ち、教会組織を市民的な秩序の内部に位置づけようとするものだ。司教や司祭の選出にはすべての有権者が参加できること、聖職者は憲法への忠誠宣誓を義務づけられ、その年俸は国家が支払うこと、というラディカルな決断がそこでなされたのだった。十分の一税や教会財産など、それまでカトリック教会がもっていた封建的な特権が放棄されたことに対する制度的な補償という性格もある。いずれにせよ、この段階では「政教分離」どころか、国家と教会の絆は、いっそう強固なものになっており、ほとんど「国教会」に近い制度が想定されていたことを念頭においていただきたい。

革命の混乱期をぬけて教皇庁との新たな関係を定着させたのは第一執政時代のナポレオンだった。一八〇一年の七月に調印された政教条約（コンコルダート）の第四条には「共和国第一執政は〔……〕、大司教職および司教職に就く人びとを指名し〔……〕教皇聖下は前記の人びとを叙階（institution canonique）する」とある。かつても国王が司教の任命にかかわっていたが、そもそも王政は教皇が後ろ盾になって成立していたのだから、そこには必然的な権力の回路があった。コンコルダートの場合、世俗の権力は教皇庁から自立しているという相違がある。

というわけで、ユゴーの小説にもどれば、皇帝に即位する前後のナポレオンにミリエルが出会って「何者か」と問われ「陛下、陛下は凡人《ボンノム》をご覧になっておられます、私は偉人《グラントム》を拝見しております。それぞれに役立つことでございましょう」と地口《じぐち》で敬意を表したおかげで、司教になったという話に不整合はない。ちなみに一八〇一年の政教条約は、本書、第4章の主要な検討課題である一九〇五年の「政教分離法」成立に至るまで、ちょうど一世紀のあいだ、制度としての教会のありようを律する基本法でありつづけた。その内容と狙いは、追い追い見てゆくことにしよう。

『赤と黒』のジュリアン・ソレルが、困窮のなかから立身出世を夢見て司教職に憧れたのとは反対に、ミリエルは革命で没落した貴族の家柄であり、聖職者になった理由は明かされない。神学論争には関心をもたず、ガリカニスムと教皇派の対立については、ひそかに後者に共感を覚えていたらしく、ナポレオンの失墜にも冷淡だったと説明されるのみである。

「正義の人」として

　ジャン・ヴァルジャンの登場に先立って、ミリエルの紹介に当てられた部分のタイトルは「正義の人」Le Justeであって「聖なる人」Le Saintではない。革命の混迷と残虐を目の当たりにしたミリエルが、一介の田舎司祭として暮らし始めたのは、かならずしも宗教的な情熱ゆえではなく、かといって乱世を儚《はかな》んで隠遁《いんとん》したというのでもなく、ただ「正義」とは何かという謎に、行動をもって答えるためであったように見受けられる。

　ディーニュの町に赴任した司教は、子どもっぽいところのある陽気な老人で、のっけから思いがけぬ行動をとる。まずは豪奢《ごうしゃ》な司教館を隣接する小さな慈善病院と交換し、粗末な住居をえらぶ。刑務所付きの教誨師《きょうかいし》に代わって処刑の前夜から断頭台に登るところまで囚人に付き添い、信仰の慰めをもたらしたこともある。山賊が跋扈《ばっこ》して教会の手の届かぬ山村にまで独り分け入って、ミサを執り行おうとしていると、司教の度胸に感じ入った山賊が、かつて強奪した金襴の法衣とダイアモンドをちりばめた司教冠などを返してよこしたなどという、それこそロビンフッドばりのエピソードまで並んでいるのだが、こうしたエンターテインメントはそれぞれに読者として愉しんでいただこう。

　ヴィクトル・ユゴーは、ことのほか数字が好きな作家なので、制度的なデータをチェックするのに都合がよい。ミリエルは国から司教の俸給として一万五〇〇〇フランを受けとっており、その全額を公共の事業や慈善活動に注いでいた。同居する独身の妹は、五〇〇フランの終身年金でやってゆけたというのだから、その三〇倍の価値は推定できよう。司教が県に対して「諸経費」を要求するという話もある。名目は「馬車代」となっているが、要は教区を巡回するための費用で、この「経費」は地域社会の負担すべきものとみなされ、県会で予算を審議するのである。司教は首尾よく手にした三〇〇〇フランを、またしても施しものに使ってしまい、家政婦をがっかりさせるというオチのついた逸話である。

町のブルジョワたちからは煙たがられても、庶民には敬愛され歓迎される司教の綽名《あだな》はBienvenu――これを「ようこそ」と訳してしまっては名前にならないから、既訳と同様、ビアンヴニュと片仮名表記しておこう。その司教がわざわざ訪ねたのに、冷淡な反応を見せた人物が一人いた。かつての「国民公会議員《コンヴアンシオネル》」なのだが、この呼び方だけでは実感がわかない（訳者の注を〔　〕内に添える）。

ディーニュの庶民のあいだでは、この国民公会議員《コンヴアンシオネル》Gについて、恐ろしげに噂話が交わされていたのだった。国民公会議員《コンヴアンシオネル》だってさ、どんな奴だかわかるかい？　そいつは、皆がおれ、おまえで呼び合っていた時代にいたんだよ、市民《シトワイヤン》とか言ってた時代さ。その男は、まあ怪物みたいなもんだ。国王さまの死刑に賛成投票はしなかったらしいが、ほとんど同じだよ。要するに、ほぼ王殺しさ。恐ろしい男だったらしいぜ。正統な王家の方々がもどってきたときに、なんであの男を臨時即決裁判所〔一八一五年に設けられた控訴を認めない裁判〕に引き出しておかなかったんだ？　首を斬ればよかったとは言わないさ、寛大さが必要だってことも認めるしな、だが、終身の追放刑ぐらいは、いいんじゃないか。見せしめだな、要するに！　等々。それにあいつは無神論者だっていうぜ、あいつらはみんなそうだってな。——一羽の禿鷲《はげわし》について鵞《が》鳥《ちょう》の群れが陰口をたたくようなものである。

ナポレオンの退位につづく王政復古期に、革命を憎悪する保守陣営の攻撃にさらされていた者たちの状況を想像してみよう。かつて国民公会でルイ一六世の処刑に賛成票を投じた者は、ナポレオンの失墜後ルイ一八世が即位して二年が経過した一八一六年、国外追放となっていた。王党派とカトリックが気勢を挙げるかたわらで、「共和主義イコール無神論」という架空の範疇《はんちゅう》が捏造《ねつぞう》されてゆく。

すでに見たように、第一共和政はカトリック教会を市民社会の内部に取り込もうとしたのであり、国民に宗教は不可欠だという点に関しては、ヴォルテールのような啓蒙思想家もロベスピエールのような急進的なジャコバンも一致しているのである。さらに「王殺し」の大罪は、本来は無神論か否かという問題とは別の次元にあるはずだが、庶民的な感覚のなかでは混同されており、一九世紀のフランスに、父殺しのファンタスム（幻想）のようにのしかかっていた。そのため王政復古期において「市民《シトワイヤン》」という呼び名は人びとに、ほとんど悪魔的な所業を想像させたのだった。

革命の闘士の死

人里離れた山間《やまあい》に独居するそのGなる人物が、どうやら寿命がつきかけているらしいという町の噂を耳にして、ミリエル司教は庵《いおり》のような小屋にまで足を運ぶ。「未知の光明を前にした司教」と題した章は、教会の祝福を拒みつつ従容《しょうよう》として死に就く男と司教との、じつのところよく出来すぎた問答に、その大半が当てられている。たとえば「王殺し」の咎《とが》について。

「あなたを祝福してさしあげよう」と彼は叱責する口調で言った。「ともかくも、国王の死に賛成票は投じなかったのだから」

ともかくも、という言葉に秘められた苦い当てこすりに、国民公会議員《コンヴァンシオネル》は気づかぬようだった。彼は答えた。顔の表情から微笑みが消えていた。

「祝福などあまりなさらぬほうがいい。わたしは暴君の絶滅に賛成票を投じたのだから」

厳《きび》しい口調に相対し、厳《おごそ》かな口調での応答だった。

「どういう意味かね？」と司教は訊ねた。

「わたしが言いたいのは、人間には無知という暴君がいるということです。わたしは、この暴君の絶滅に賛成票を投じた。この暴君が王政を生んだのであり、これは偽りのなかで手にした権威なのです。これに対して科学は真実のなかで手にする権威です。人間は科学によってのみ支配されるべきなのです」

他に用語がないので「科学」と訳したが、超越的な存在（＝神）から発したものではない人間的な知恵・知見・知識のすべて、要は「無知」の反意語として science という言葉が使われているのだろう。ちなみにGは医学を修めた人物である。Gは言葉をつづけ「ルイ一六世の処刑に反対したのは、人間を殺す権利はないと信じているからだ」と述べ、自分の考える「暴君の絶滅」とは、売春の、奴隷の、そして子どもたちの悲惨の絶滅を指すと説明する。共和国に票を投じたのは、友愛と、調和と、黎明《れいめい》に賛成したからだ！

Gの論理に対して、司教は「九三年は？」と問いかける。崇高な理想のためとはいえ、国王を断頭台に送ることが赦《ゆる》されるのか？　Gはルイ一六世の死だけを特権化することを拒む。そして弱き者たちの迫害の歴史を思いおこし、暴力的な進歩は革命と呼ばれるが、そこには過酷な経験がつきまとう、と静かに結論めいたことを言う。司教はこれに対し「進歩は神を信じなければならない。善が不信の僕《しもべ》をもつことはありえないのです。人類の導き手として無神論は悪しきものです」と述べる。Gは無限の存在があり、その自我こそが神なのだと反論する。たしかにGは無神論者ではない。理神論者《ディスト》なのである。

ミリエル司教を動揺させた「未知の光明」に、これ以上深入りする暇《いとま》はないが、『レ・ミゼラブル』冒頭部分の国民公会議員《コンヴァンシオネル》Gの従容たる最期、物語の掉尾《とうび》を飾るジャン・ヴァルジャンの臨終、そして著者ユゴーの遺言は、一貫した思想に貫かれていることを確認しておこう。

ジャン・ヴァルジャンは三度死ぬ

ミリエル司教に諭《さと》されて善の道をあゆみはじめた元徒刑囚は、身元を隠してフランス東北の町モントルイユ・シュル・メールに住みついた。数々の善行をなし、手工業で町おこしに成功し、今ではマドレーヌ市長と呼ばれて住民に敬愛されている。その人物の素性を怪しんでいるのが、ジャヴェール警部。じつはジャン・ヴァルジャンは釈放後に一枚の銀貨を少年から奪ったために累犯として追われる身になっており、警部は、徒刑場の経験者を動物のような嗅覚《きゅうかく》で嗅《か》ぎつけてしまったのである。ちょうどそのころジャン・ヴァルジャンらしき人物が逮捕されたという報せがとどく。マドレーヌ氏は苦悩のすえに名乗りでて、法廷で偽物の自分と相まみえることになる。社会の屑のような男を徒刑場から救うため、艱難《かんなん》をくぐって手にした平安を捨て、ふたたび地獄への道をえらぼうという決意。これが「正義の人」への階梯《かいてい》であることはまちがいないのだが、語り手はジャン・ヴァルジャンの苦悶をキリストの苦悶になぞらえる。神の名において遂行される社会的な正義という曖昧《あいまい》な意味づけは、ユゴーのみならず、いわゆる「キリスト教文明」に共通する特性といえそうだ。

マドレーヌ市長による善行の一つは、馬車の下敷きになった男を救うために、警部ジャヴェールの面前で「徒刑囚でなければできない」力業に挑むという話。もう一つは肺病のために死にかけている娼婦ファンチーヌを篤《あつ》く看護して、宿屋の亭主テナルディエにあずけられた幼い娘コゼットをひきとりにゆくという話。いよいよ親子の対面がかなうという段取りで、偽物のジャン・ヴァルジャンがあらわれたため、本物のジャン・ヴァルジャン

ジャン・ヴァルジャンは修道院の壁をよじのぼり、コゼットを引きあげる

が決意して徒刑場に送られる。ファンチーヌが死んで、コゼットは孤児になる。

徒刑場のジャン・ヴァルジャンは、死を偽装して浮き世にもどってくる。軍艦の修理に駆り出され、マストで足をすべらし宙づりになった仲間を救助した。その瞬間に本人は海中に転落し、屍体は発見されなかったものの事故死とみなされて、戸籍は消滅したのである。

生還したジャン・ヴァルジャンは、コゼットをひきとりパリでひっそりと暮らしはじめたが、またしてもジャヴェールが不審な親子に目をつける。追跡されたジャン・ヴァルジャンは、コゼットを紐《ひも》につないで夜道にそそりたつ壁をよじのぼり、中庭の暗闇に身をひそめた。そこは戒律の厳しい「ベルナール・ベネディクト修道院」の敷地であり、小説でしかありえない偶然から、馬車の下敷きになった男が庭師として住みこんでいた。その男フォーシュルヴァンは、命の恩人が苦境にあることを直感し、自分の弟といつわって修道院でやとってもらうことを思いつく。王政復古期の修道院は官憲が踏み込むことのできぬ安全地帯だった。

しかし牢獄のように閉ざされた建物に正式に受け入れてもらうためには、まず外に出なければならない。とはいえ見咎《みとが》められずに高い塀をよじのぼり、警察が見張っているかもしれない路上に飛び降りることなどできようはずもない。というわけで、ここにジャン・ヴァルジャンが屍体の代役をつとめるという奇計が浮上する。それこそアレクサンドル・デュマの『モンテ・クリスト伯』で、主人公エドモン・ダンテスが、他人の屍体になりすまし、頭陀袋《ずだぶくろ》ごと海中になげこまれ、地中海に浮かぶ小島の牢獄シャトー・ディフから奇跡的に脱出する話にまさるとも劣らぬ冒険譚といえる。

修道女の遺言

ジャン・ヴァルジャンの二度目の死、というより擬死にいたる事のいきさつはこうだ。フォーシュルヴァンは、命の恩人がまさに「天から降って」きたような具合にあらわれて仰天した直後、院長から難題をもちかけられていた。ひとりの修道女が息をひきとったが、俗世の墓地に埋葬されたくないという故人の遺志を尊重したいというのである。建物に住む唯一の男であるフォーシュルヴァンは、こうした雑務のすべてをまかされている。

ちなみに前世紀の遺物のようなこの修道会については、「ベルナール・ベネディクト」

なる名前は架空のものだが、作者自身が周到に資料と証言を収集したことがわかっている。そして聖職者の埋葬というトピックが、わたしたちにとって重大なのは、以下に見るように、人間の生と死は宗教が司《つかさど》るものなのか、それとも国家が管理するものか、という判断に直結するからだ。

愚鈍なふりをしているがしたたかな田舎者と信仰に凝り固まった修道院長の延々とつづくコミックなやりとりを、要約をはさみながら紹介しておこう。

「フォヴァンさん〔フォーシュルヴァンという長すぎる名前の勝手な省略形〕、死者の望みはかなえてさしあげねばなりません」

修道院長は数珠《じゅず》をちょっとつまぐった。フォーシュルヴァンは黙っていた。彼女はつづけた。

「この問題については、イエス・キリストに仕え聖職者の生活の勤めを怠らず大いなる実りをもたらしておられる教会の方々に相談しました」〔この長々しい形容は紋切り型の定型表現であるらしい〕

「院長さま、ここではお庭にいるときよりお弔《とむら》いの鐘が聞こえますすな」〔耳が遠いふり〕

「それに、ただの亡くなった方ではありません、聖女です」

「はい、院長さまのように」

「あの方は、聖父ピウス七世の特別のお許しを得て、二〇年というものご自分の柩《ひつぎ》でお休みになっておられました」

ココ・シャネルの例にいたるまで、柩を寝台に見立てるのはキリスト教の伝統といえる。このあと、墓碑銘に「地の虫けら」と刻ませた大司教、絞首台の下に埋葬された神父、等々の例が示されたのち、亡くなった修道女は二〇年来お休みになっておられた柩に入ったまま祭壇の下に埋葬されるという方針が告げられて、フォーシュルヴァンはぎくっとする。


「死者にはしたがわねばなりません。礼拝堂の祭壇の下、地下墳墓に埋葬されること、俗世間の土のなかに入らぬこと、生きて祈ったところで死者となることが、尼僧クリュシフィクシオンの最後の願いでした。それを尼僧さまは私どもにお頼みになった、つまり命じられたのです」

「でも、禁じられております」

「人間たちによって禁じられていますが、神によって命じられています」

「もし人に知れでもしたら?」
「私たちはあなたを信用しています」
「私でしたら、こちらの石の壁と同じことで」

修道院の主《おも》だった修道女たちの合意による判断であること、神の奇蹟を招くかもしれぬほどに尊い決断であることが説明されるが、「でも、院長さま、市の衛生局の役人が……」とフォーシュルヴァンは抵抗し、あらたな尊い例が示され、「それにしても警察署長が……」と反論があり、さらに尊い例が示されたのち「しかし県の監督官が……」と抗弁する男にたたみかけるように「十字架のまえでは俗世間などはなんでもありません」という宣言がラテン語の引用とともになされて「アーメン」とフォーシュルヴァンが応じると、院長は堰《せき》を切ったようにしゃべりだし、最後にこう一喝するのである。

「一方に聖ベルナール、他方に衛生局の役人!　一方に聖ベネディクト、他方に道路監察官!　お国だとか、道路管理局だとか、葬儀屋だとか、規則だとか、行政とか、そんなものを私たちが知るはずがありますか?　行きずりの人だって、私たちがどんなあつかいを受けているか知ったら憤慨するでしょうよ。私たちは自分の遺骨をイエス・キリストに捧げる権利さえないのです！　衛生局などというものは革命の産物です。神さまが警察署長にしたがわねばならぬ、そういう時代なのですね。お黙りなさい、フォヴァン！」

　戯画化されてはいるが、修道院長のロジックは、それなりに筋が通っていよう。このような経緯を報告されたジャン・ヴァルジャンが、衛生局の送ってよこした柩のなかには自分が入り、役人の指定通りにヴォジラールの墓場に埋葬されれば、全てがうまくゆくと提案する。フォーシュルヴァンは顔色を失うが、説得されて指示通りに事を運ぶ。が、そこは小説であるから、予定の筋書きには邪魔が入り、ようやくフォーシュルヴァンが土中の柩の蓋を開け、その場で泣き崩れると、ジャン・ヴァルジャンの亡骸《なきがら》が目を開く。かくして名のない脱獄囚は、フォーシュルヴァンの弟という身元を手に入れるこ

生き埋めになったジャン・ヴァルジャン

とができたのだった。

ペール・ラシェーズの墓石

人間の生と死は宗教が司るものなのか、それとも国家が管理するものかという難問について、フランスは第三共和政にいたるまで、曖昧な折衷策《せっちゅうさく》によって折り合いをつけてきた。一八世紀まで墓地はカトリック教会に併設されていることが多かった。プロテスタント、ユダヤ教徒、洗礼を受けずに死んだ嬰児、自殺をした者などは埋葬を拒絶されるか、はずれの一区画に押しこめられるかのいずれかだった。神に守られた聖なる土に入るためには、臨終に司祭から秘蹟をさずかり、柩は教会を経由して墓地に向かうことが求められた。無宗教の埋葬は、人目を忍んでおこなうことが暗黙の了解だった。革命からほぼ一世紀が経過した一八七二年、戸籍関係の公的な証書において宗教に関する記載がなくなったとき、ようやく国民一人ひとりの生誕と死亡が、信仰ゆえの差別から原理的には解放されたのである。

しかし大都市で行政が直接管理する墓地が新設されるようになったのは、人道的な配慮というよりむしろ、衛生上の理由からだった。極貧の、あるいは身元不明の死者を投げ込む共同の墓穴、今日でも民族浄化の殺戮《さつりく》や未曾有《みぞう》の自然災害のおりにくり返される、あの悪夢のような土葬の方法が、異臭を放ち疫病の原因になるとして住民の反感と恐怖を買っていた。ジャン・ヴァルジャンが修道女の身代わりに埋葬されたヴォジラールの墓地も、じきに閉鎖されることになっていた。

そうしたわけで墓地をめぐる改革は絶対王政の時代からすすめられており、教会の建物内部の地下墳墓への埋葬は、一七七六年の王令によって厳しく制限されていた。さらに一八〇四年の通達は、「共同墓穴」fosse commune も禁止の対象にしたのだが、貧しい者は五年の借地という条件であるために、土中から原形をとどめた人骨が掘り出されるという禍々《まがまが》しい光景は、一九世紀においても人びとの妄想につきまとう。じっさい「共同墓穴」という呼び名は、しばしば名もなき人びとの埋葬された陰鬱な墓地の一角を指し示すために一般に使われているのである。

同じく一八〇四年、首都パリに模範的な墓地を造営することを目的として、ペール・ラシェーズの一七ヘクタールをこえる広大な土地、四〇年前まではイエズス会の所有する庭園つき別荘だった土地が当局によって買いあげられた。当初は評判も芳《かんば》しいとはいえず、モリエールやラ・フォンテーヌの墓を誘致することで、文化的な箔《はく》をつけ、ようやく王政復古期に上流階級の顧客を得たといわれている。ドラクロワ、ショパン、オスカー・ワイルド、プルースト、コレット、イヴ・モンタンなど、この墓地を終《つい》の棲処《すみか》にえらんだ著名

「死者の都」は観光名所になる。墓地にまつわる「悲話」を印刷したチラシを手にガイドを買ってでる者があらわれた（1830－40年代）

人たち、あるいは小説の主人公たちの長大なリストは、観光ガイドブックにも載っているので省略しよう。今日この墓地は、イスラームやユダヤなど、さまざまの信仰の表象が軒をならべ、意匠《いしょう》を凝《こ》らした墓石や彫像や聖堂が技と絢爛《けんらん》を競う展示場のようなおもむきを呈している。私的な営みにおいては、あらゆる宗教や宗派に信仰の自由を保障するのが、フランス共和国の「ライシテ」laïcitéの精神であることを喧伝《けんでん》するためにも、ここは国家的な文化装置となっているのである。

さてジャン・ヴァルジャンは一八三三年に、このペール・ラシェーズに埋葬された。『レ・ミゼラブル』の終幕を飾る一節を読んでみよう。

ペール・ラシェーズの墓地の共同墓穴にほど近く、この墳墓の都の優雅な区域から遠く離れ、永遠を前に死の醜い様式をこれみよがしに並べている奇抜な墓石の群れからも遠く離れた寂しい一角に、古い壁にそって、浜麦や苔《こけ》にまじり、昼顔のからんだ櫟《いちい》の巨木のしたに、ひとつの石がおかれている。ほかの石と同じくその石も、時の流れと黴《かび》と地衣と鳥の糞のもたらす汚れをまぬがれてはいない。それは雨水のために苔むし、空気にふれて黒ずんでゆく。その石に隣接する小径はなく、だれもこの辺りには行きたがらない。草は丈高く生い茂り、たちまち足が濡れてしまうからである。いくらか日射しがあれば、蜥蜴《とかげ》がやってくる。辺り一面には野生の烏麦《からすむぎ》が生えてさわさわと鳴っている。春には木枝でよしきりが鳴く。

この石はまったくの裸である。墓石に必要な最小限のことしか切るときに考えなかったので、この石が、ひとりの人間を覆うのに充分な丈をもち幅は充分に細いようにという配慮しかなされなかったのだ。

そこにはいかなる名前も記されていない。

こうして主人公は、実名も偽名も放棄して神の御許《みもと》に召されることになる。その無名の死を、著者ヴィクトル・ユゴーがキリスト教的な自己犠牲というだけでなく、ひとりの人間の世俗的な自己回復の物語として、つまり犯罪者が長い試練ののちに市民としての尊厳をまっとうする物語として提示していることはたしかだろう。死をもって贖《あがな》う市民権という発想は、今日の読者にとって、受け容れがたいほどに過酷なものに思われよう。しかしジャン・ヴァルジャンの墓石が語っているのは、まさにそのような教訓なのである。

櫟の巨木のしたの名の記されていない墓石。
「草は隠し、雨が消し去る」

第2章
制度と信仰

あらゆる聖人聖女のなかで、聖母マリアは他にぬきんでた信心の対象だった
(1840年頃、国立図書館蔵)

「市民」であることの崇高な意味

一七九二年九月二〇日、立法議会でひとつの法案が採決され、住民の民事的身分を認証する役務が、教区の教会から市町村レヴェルの地方自治体に移された。結婚については役所への届け出が正規の手続きとみなされ（「民事婚」）、離婚の可能性が認められることになった（『フランス革命事典4』）。いいかえれば、新しい世俗の法と離婚を認めぬ教会の掟は婚姻に関して相容れぬものになったということだ。これまでカトリック信仰をもつ国王の「臣下」sujetであった人びとは、共和国の「市民」citoyenというステータスを得た。ちなみに「戸籍」état civilという表現のcivilには聖職者に対する世俗の人という意味と、軍人に対する民間人という二重の意味がある。この言葉そのものが、国民国家の一般市民としての属性を暗示する象徴的語彙といえる。

戸籍制度を背景とした身分証書は、出生証書と婚姻証書と死亡証書の三つが基本的なものとみなされる。この発想は、わたしたち日本人にとっても違和感はない。しかし歴史をさかのぼってみれば、これらは洗礼証書と婚姻証書と埋葬証書という教区司祭の管轄下にあった認証をそのまま継承したものにすぎない（山口俊夫編『フランス法辞典』）。証書の内容や種類ではなく、これを管理する組織が変更されたことが、なぜそれほどまでに重大なのか。

ただちに思いつく回答は次のようなものだ。教会では、当然ながら本人や家族の信仰生活が問われたのであり、生誕と婚姻と死に際しては宗教的な証しが求められた。じっさい革命前のフランスにおいて、プロテスタントはカトリック教会の台帳に登録されることはない。したがって正式に結婚したとはみなされないから、子どもたちも私生児の扱いとなる。洗礼証書のない死者の埋葬は、予想されるごとく、しばしば大きな困難を伴っていた。プロテスタントやユダヤ教徒は、法に逆らってではなく、国家の承認する制度のなかで合法的に差別されていたのである。

国王の名において、プロテスタントに信仰の自由と戸籍が与えられたのは、革命を目前にした一七八七年のことだった。いいかえれば、啓蒙の世紀につちかわれた宗教の相対化という思想は、すでに為政者のところまで浸透していたのであり、革命政府の決断には時代の準備した基盤がある。世俗の権力の管理する「戸籍」のもとでは別種の義務が課され、それとともにあらたな帰属意識、すなわち「国民」としての個人という自己意識が徐々に形成されてゆくだろう。こころみに『トレゾール大辞典』で「戸籍」という語彙を引いてみると、なんとジャン・ヴァルジャンの話が用例として引いてある。『レ・ミゼラブル』第四部、第三章の二「国民衛兵ジャン・ヴァルジャン」と題した断章があるのだが、その記述を辞典の引用部分を超えて紹介しよう。修道院から外の世界にもどった彼が、年金生活者とその娘という風情でコゼットとともに暮らしはじめたころのことである。

年に三、四回、ジャン・ヴァルジャンは軍服を着て歩哨《ほしょう》に立った。それも率先して勤めたのである。それは彼にとってきちんとした身なりで変装することであり、おかげで独りきりでいながら世間にまじわることができた。ジャン・ヴァルジャンは六〇代に入ったところであり、すでに兵役免除の年齢だったが、五〇歳にしか見えなかった。〔……〕彼は戸籍をもたず、名を匿《かく》し、素性を匿し、年齢を匿し、すべてを匿していたが、しかも今言ったように、率先して国民衛兵になったのである。税金を納めるありきたりの人間のように見えることが、彼の野心のすべてだった。内面においては天使であること、外面においては普通の市民《ブルジョワ》であることが、この男の理想だった。

戸籍を失ったジャン・ヴァルジャンにとって、市民の外観をもつことは究極の理想だというのだが、この経験が示唆に富む話として辞典に引かれていることはまちがいない。ところで理論的には、この例が示すように納税などの義務と引き替えに一般市民は教会の監督から解放され、信仰の自由という権利を保障されるはずだと思われる。だが実態はさほど単純ではなかった。民事的な身分として姓名や親族関係や国籍にならび、各自の信仰という項目の記載が求められているかぎり、それに付随する差別が随所で生じることは避けられない。この記載がなくなったのは、先に述べたように、一八七二年のことである。

社会制度と個人の信仰生活はいかなる関係をもつか——いくつかの特徴的な場面を思い描いてみることが、この章の課題なのだが、すでにおわかりのようにフランス革命後の一世紀は、文字通り過渡期だった。政治と宗教はさまざまの局面で敵対と妥協と馴れ合いをくり返しながら、カップルであることを決してやめはしなかった。

そもそもフランス革命期の政治的な言挙げが、ある種の宗教的な響きをもつことは、つとに指摘されてきた。ここでは「革命の宗教性」という形容を、ジャン・ボベロの『フランスにおけるライシテの歴史』から借りておこう。たとえば「国家《ナシオン》」や「憲法」は「神聖」なものであり、共和国への忠誠を誓った者は市民権を得るが、これを拒む者は「市民的な破門」excommunication civileを身に被ることになるという。「人権宣言」はモーゼの十誡さながらに、石版に刻まれ「祖国

「人および市民の権利の宣言」(1789年8月26日)は「十誡」の図像学的な伝統にならい2枚の石版に記されている(カルナヴァレ博物館蔵)

の祭壇」に祀《まつ》られる。一七九三年一一月一〇日、シャン・ド・マルスを中心に「哲学」の名において挙行された「最高存在の祭典」は、じつは完璧な宗教儀式の外観を呈していた。その後も革命の偉業のひとつひとつが、まさに信仰の語彙で語られてゆくのである。一九世紀の歴史学の巨星ジュール・ミシュレは、信徒のつどう教会というイメージで共和国の未来を描き出す。さらには、第三共和政の基を作ったジュール・フェリーなど政治家たちも、共和主義への「信仰」を語ることになるのだが、これは予告するにとどめよう。

革命期の例をもう一つ挙げるなら、一七九三年に国民公会により定められた「共和暦」(革命暦)は、キリスト降誕を紀元とする暦に代わるものとして、一八〇六年に廃止されるまで公式に使われた。あらたな暦法を定めることは、いわばあらたな統一的世界の始まりを告げる行為なのであり、ここにも強い宗教性が秘められていることはまちがいない。ムハンマドの聖遷《ヒジュラ》を元年とするイスラームの暦に言及するまでもなく、古代の文明がそれぞれに固有の暦法と神官をもっていたことをわたしたちは知っている。

ローマ教皇によって聖別される王政を否定することによって、フランス共和国は誕生した。しかし自明のことながら、革命により一夕で教会の廃墟から非宗教的な国家が立ち上がるはずなどないのである。一見逆説的なことながら、それまで聖職者たちの果たしてきた役割を国家が引きうけ、さらにカトリック信仰の代替物までが国家の名において提供されるようになる。そう説明したほうが、むしろ事態を正確に捉えているように思われる。

とりわけ強調しておきたいのだが、「キリスト教文明」という自己定義のなかで成長発展した一九世紀の国民国家は、ただの一度も神の存在を否定していない。キリスト教という宗教そのものを排除したわけでもない。あくまでもカトリック教会と国家との権力関係という地平に、問題を位置づけることが肝要なのである。

ナポレオンの「コンコルダート」

宗教は社会にとって必要不可欠ではないか、神への信仰によって導かれる良質の国民なくして国家の秩序を保てるか――これはすぐれて一九世紀的な検討課題だった。

まず「宗教なき社会は羅針盤なき船のようなものだ」というナポレオンの言葉を紹介しておこう。第一執政になったばかりの一八〇〇年六月五日、ミラノで聖職者を前にして演説したときの台詞《せりふ》であり、教皇の地位について間もないピウス七世への間接的な呼びかけといえる。宗教をもたぬ人間は闇のなかを歩まねばならないのであり、確実な光明をもたらすのはカトリックを措《お》いて他にない、とナポレオンは明言したのである。

ところでその直前、五月一五日の回勅で教皇は、教会が自らの法にしたがい生きることを認めるよう説いていた。それ以外に、国民の幸福と栄光に貢献する道はないことを、国を治める君主や元首に理解してもらいたいというのである。この聖職者はピウス七世となる以前の一七九七年、クリスマスの説教で「民主主義の政体はいかなる意味においても福音書に反するものではない」こと、むしろキリスト教の美徳を第一原理としても認めるものであることを表明して、大きな反響を巻き起こした人物である。歩み寄りの条件は整っていた。

ちなみにここでは教会の側が「活動の自由」を求めている、国家の拘束を受けることなく「自らの法」を全うする権利を求めているのだということを念頭においていただきたい。

教皇庁とフランスがそれぞれに派遣した特使が長く困難な議論をくり返し、一八〇一年七月一五日、ついに一七条からなるコンコルダート(政教条約)が調印の運びとなった(『キリスト教史8』)。前文には「共和国政府は、カトリックにして使徒伝承の、ローマの宗教が、フランス市民の大多数の宗教であることを認める」と述べられ、さらに第一条では「カトリックは〔……〕フランスにおいて自由に信仰される。その祭儀は公のものであるが、公共の安寧のために政府が必要と認める警察法規に従わなければならない」とされた。

教皇庁とフランスという国家の関係は、紆余曲折《うよきよくせつ》はあるにせよ、原則としてここで定められた文言にしたがって、その後一世紀以上にわたり調整されてゆく。社会のなかに宗教の居場所を与えることが、ナポレオンの政治的意図であったことはまちがいないのだが、それはどのような位置づけなのか。ルネ・レモン『ヨーロッパの宗教と社会』にしたがって整理しておこう。

まず革命で失った教会財産を請求しないという条件（第一三条）のために、カトリック

コンコルダートの調印をめぐるカトリック側の寓意画。ナポレオンと教皇を見守る聖母マリアは、キリスト教の復興を意味する十字架と教皇冠を手にたずさえている

教会は財政基盤が脆弱《ぜいじゃく》になり、同時に経済的に国家に依存したのである。これは国家にとっては武器であり、じっさい不穏当な発言をしたという理由で聖職者の俸給を差し止めるという懲罰的な対応がなされていたという。また先に引用した前文は、カトリック教会が「真理」を導き教える宗教組織だと保証したものではない。たんに「大多数の宗教」であるという現実を確認あるいは追認しているにすぎない。さらに前章でも指摘したように、政府は司教の任命権をもち、聖職者の側からの発意提案は、行政当局の承認を得なければ実現されることがない。また教区の増設や聖職者の配置なども予算的な措置が必要なものだから、じっさいは思うにまかせず、たとえば教会に足をはこばぬ都市労働者の増大といった現象にも、手の打ちようがなかった。

さらに革命前の「国教」と大いに異なる状況として、カトリックはもはや唯一の認められた宗教ではなくなったという事実がある。ルター派とカルヴァンの流れを汲む改革派のプロテスタントにも、カトリックと同様の保証が与えられており、一足遅れて一八〇八年にはユダヤ教徒が宗教共同体として認知された。ちなみにここで問題となる「ユダヤ」は「信仰」をめぐる集団であって、自称科学的に定義された「人種」としてのアイデンティティではないことに留意していただきたい。

これらの宗教は国家により保護され、かつ管理されることになり、徹底した「ガリカニスム」（ローマ教皇庁に対する自立）の原則にもとづく政策が、着々と実行にうつされてゆく。

一八〇四年、ナポレオンの戴冠式はノートル・ダム大聖堂で教皇臨席のもとに行われたが、それは王政とカトリック教会の結びつきを言祝《ことほ》ぐ宗教儀式とは似て非なるものだった。新皇帝が国民のまえで神権政治を模倣してみせたという一面もたしかにあるだろう。しかしナポレオンは「信仰の自由」を認めたうえで、結果的には公的な宗教活動を警察法規にもとづく管理体制に組み込んでしまった老獪《ろうかい》な人物なのである。革命後の混乱を経た宗教は、こうして一般市民の生活に顕在するものとして、公式に位置づけられた。その象徴として教皇は、戴冠式にただ出席していたようにも見える。

「コンコルダート」は国家が宗教を公に管理することをめざす。宗教を私的な領域に囲い込むことをめざす「ライシテ」と、この「コンコルダート」の原則が、発想としてはむしろ逆向きであることは、念を押すまでもあるまい。

発展するコングレガシオン（修道会）

「キリスト教文明」が地球を制覇したのちに生まれたわたしたちは、自国の津々浦々に小さな教会があり、大都会には複数のミッション・スクールがあることに、また世界の各地で同様に、長らく根をはった宣教と教育の実績が見られることに、さほど違和感を覚えない。

一九世紀から第一次世界大戦にかけて、植民地化の時代に海外にむかった修道会のメンバーは、それぞれに出身国における国家と宗教の関係を背景に負っていた。話題を先取りしておけば、フランス第三共和政の指導者たちは、国内では修道会の活動を厳しく制限し、その一方で海外進出は容認する、あるいはむしろ国境の彼方の宣教活動《ミッション》は後押しするという奇妙な二重政策をとっていた。制度的なレヴェルで宗教と植民地主義が手をむすぶことになるのはまちがいないのだが、それ以前にまず、教会組織とは別のものである修道会が、どのような経緯でフランス国内で成長したのかを一望しておくことが必要だろう。

教皇を頂点とし、大司教、司教から裾野の司祭まで、ピラミッド型のヒエラルキーを構成するカトリック教会と、フランス語では「コングレガシオン」と呼ばれる修道会とは異質な制度であり、社会的な位置づけも大いに異なっている。まず広義の「修道会」は、以下のように大別される。第一には、清貧・貞潔・従順を誓う「盛式誓願」を宣立して修道院の内部で共同生活を送る正規の修道士。いわゆる régulier と呼ばれるものがこれであり、その起源は初期キリスト教にまでさかのぼることができる。個々の修道会の創立の経緯、教義上の背景、教皇庁との関係が、多種多様であることはいうまでもない。第二は、「単式誓願」による聖職者で、こちらは隠遁《いんとん》生活を送るとはかぎらず、むしろ積極的に社会に進出し、きわめて活動的な組織をなしていることも少なくない。

すでに啓蒙の世紀において、伝統的な修道院の存在そのものが、思想的な攻撃にさらされていた。世俗の生活を放棄した独身者たちの非生産的な閉鎖社会であるというのが、批判のひとつだった。教会法を世俗の法の上位におく宗教勢力を排除しようとする動きも活発だった。一七六三年には、伝統あるイエズス会が国外追放になる（ここで召し上げられたペール・ラシェーズの別荘が、四〇年後にパリ市の墓地になったという話は前章で紹介した）。しかしナポレオン没落後の王政復古期には、ロマン派的な潮流のなかでキリスト教復興の兆しもあり、古いタイプの修道会が、亡命の地からもどった貴族階級の精神的よ

イエズス会の追放。国家が宗教の上位に立つことを象徴する決断をヴォルテールは歓迎した

りどころともなって、いっとき息を吹き返したのである。ジャン・ヴァルジャンが逃げこんだ修道院は、そうした時代の風潮を反映したものであり、ご記憶のように、「ベルナール・ベネディクト修道会」は、極端な反革命と頑迷な伝統遵守《じゅんしゅ》の牙城として描かれていた。

ところで第二のタイプのコングレガシオンは、一八世紀からすでに存在感をもちはじめていたが、何よりも社会的な有用性のために、革命の嵐をくぐりぬけ、コンコルダートの厳しい管理の対象ともならず、一九世紀を通じて躍進をつづけたのである。「制度と信仰」をめぐる最大のテーマは、じつは新しいコングレガシオンの活動なのだが、まずは三つの象徴的な現象を指し示す統計資料を挙げておこう。出典は、いずれもクリスチアン・ソレル『共和国と修道会の対決』による。

総数の変遷――一七八九年には八万一〇〇〇人、一八〇八年には一万三〇〇〇人、一八七八年には一六万人というのが、冒頭のページに掲げられた数字である。革命により古いタイプの修道会が激減したものの、一九世紀初頭から七〇年間で実数が一〇倍以上という驚異的な伸びを見せている。

ジェンダー構造――革命の時点においては、これらの聖職者の女性比率は三人に二人の割合だったが、一九〇〇年、ヴァルデック＝ルソー内閣による調査では、国内で活動する修道士は二万九五八三人、修道女は一二万八三一五人。女性比率が四倍強という事実は何を意味するのだろう。

フランスの特性――同じ調査の時点で、ヨーロッパ内部のカトリック圏を比較してみると、人口一万に対しフランスの聖職者数が四〇・五人、スペインでは二九・四人、イタリアでは一四・八人。政教分離という大原則にもかかわらず、カトリック的なフランスという本質は温存されているということか。じっさいにはむしろ、政権との駆け引きと、信仰生活の成就という二つの力学が複雑にからみあい、宗教の活動が質的変容を遂げていったのではないかと推測されるのである。

一九世紀フランスの小説に馴染んだ者であれば、おのずと具体的な情景を思いだすだろう。病院や施療院《せりょういん》で今日の看護婦の役割をつとめるのも、ゆとりのある家庭で重病人に付き添うのも、貧者の枕辺を訪れるのも、死者の通夜に控えているのも、かならずといってよいほど黒と白の僧服を身にまとった修道女ではないか。何らかの修道会に属する活動的な聖職者たちの群れは、一般市民の生活に深く、すみずみまで浸透していたのである。すでに述べた幼児の洗礼や結婚や葬儀など、人生の節目となる儀式だけが問題なのではない。国家的なレヴェルで考えた場合、孤児院や監獄などの公的性格をもつ機関はもとより、何よりも初等教育において、一九世紀のフランスは宗教勢力の活動に多くを依存して

女子修道会の活躍。上はコレラにかかった病人の看護（1832年）、下は愛徳修道姉妹会の教育活動の様子（1873年）

いた。

ふたたびクリスチアン・ソレルの社会学的な記述を参照しよう。一八六一年の国内調査によると、修道士の七二パーセント、修道女の六五パーセントが教育に携わっており、いずれも圧倒的な首位を占めている。施療院における活動は、修道女は二五パーセントで活動分野の二位に位置づけられ、一方、修道士が施療院に配属される割合は五パーセントと低い。これに対して本来の修道生活に専念する者は、男性が二三パーセントという高い数値にあり、女性ははるかに低い一〇パーセント。ちなみに聖職者本来の勤めには、祈禱や瞑想だけでなく、社会的な機能をもつ活動がふくまれており、たとえば王政復古期に再興されたイエズス会の場合、一八五〇年代パリのセーヴル街で、年間八万件におよぶ「告解」を聴聞《ちょうもん》していたという。

すでに述べたように、女性の活躍する場は、とりわけ「アシスタンス」と呼ばれる領域であり、施療院や監獄や孤児院での職務、貧民救済事業、さらには付添婦のような仕事にまで携わった。相対的に女子修道会に対する管理がゆるやかだったのは、イエズス会のような政治的野心とは無縁に、ひたすら社会奉仕をするケースが多かったためもあるらしい。「善きシスター」bonnes sœursと呼ばれる修道女たちは、文字通り揺りかごから墓場まで、一般市民の人生の苦難にかかわった。現代の日本であれば、地方自治体が組織して、民生委員やヘルパーやヴォランティアに託すであろうような活動を、一部のコングレガシオンは担っていた。住民の福祉を支えていたのである。

そもそも修道誓願はしない一般市民のなかにも、慈善活動や社会事業や教育活動に積極的に携わる信徒会と呼ばれる組織があり、これが本格的な修道会へと発展することはめずらしくなかった。B・ド・ソーヴィニー『キリスト教史8』から典型的な例を引けば、一八〇一年に設立された「マリア信心会」は、フォブール・サン＝ジェルマンの貴族たちが参画し、定期的に祈禱会を開いたが、さらに全国規模の慈善事業、宣教事業を展開した。その内容は施療院と監獄の訪問を目的とする「慈善事業団」、近代的な学生サークルのはしりである「善き研究会」、カトリック文学普及のための「カトリック良書普及会」、「孤児の手に職をつける会」、「盲人青年のための講習所」、「施しを受けようとしない貧者の救済の会」、さらに結婚を斡旋《あっせん》し援助する「聖フランソワ＝レジス会」等々であるという。

こうした活動は、しだいに自由主義的で知的なブルジョワジーの若者たちにひきつがれてゆくのだが、「貧しきもの」を対象とした企画には、今日のNPO的な活動と言えそうなものが少なからずある。信仰を核とした集団であることは、運動の市民的性格を排除しないこと、言い換えれば、巨大なコングレガシオンや世俗の信徒会をふくめ、さまざまの宗教的な組織と一般社会とのあいだには、きわめて活発な相互浸透があったことを、ここで強調しておきたい。

カトリックの「女性化」

ローマ教皇庁は女性の司祭を認めず、妻帯も禁じていた。「キリスト教文明」の中核をなす教会組織が、男性だけで構成されたものであることは、つねに念頭におくことにしたい。なおのことコングレガシオンのなかで占める女性比率の高さは、注目に値する。恵まれぬ人びとに奉仕する多様な活動に対し、社会的なニーズが現実にあったことは確かだろう。が、それだけの解説ですまされる現象ではないと思われるのだ。

ちなみにプロテスタントの世界では、牧師や宣教師の妻とその娘たちが、知的で主体的に生きる女性たちの先駆けとなった。イギリス近代文学をひもといてみれば、作家と家庭教師が職業女性のフロンティアであったことが実感できる。

さてフランスの女子修道会のなかで新しいタイプのコングレガシオンの占める割合は、どの程度なのか。一七八九年にはメンバー数にして全体の一四パーセントでしかなかったものが、一八〇八年には五四パーセントに達し、一八三〇年から五〇年にかけては実数が三万人から六万六〇〇〇人に急増するという。当時、この種のコングレガシオンは、年平均六つ創設されていたといわれるが、別の資料によると一九世紀にフランスで新設されたコングレガシオンの総数は数十からその倍ぐらいと推定される。いずれにせよ、めざましい躍進ぶりであることはまちがいない（『キリスト教史8』）。数字が確定できないのは、地域社会に密着した小集団、行政や教会によって認知すらされない泡沫《ほうまつ》的な集団もあったためだろう。これに対して地方や全国規模で展開される組織もあり、一八七八年の調査では、四〇〇〇人以上を擁するコングレガシオンが七五を数え、メンバー数としては全体の七一パーセントを占めるとされた。

想像していただきたい。現代日本の製造業の中小企業の定義は従業員数三〇〇人以下である。四〇〇名といえば、職能の多様性と責任の重さという意味で、中規模の企業（しかも女子修道会の場合は全員が女性の企業）に匹敵するではないか。

一九世紀半ばの時代風潮において、しかるべき家庭の子女は、既婚未婚を問わず、しかるべき男性か、あるいは小間使いか召使いにエスコートされなければ、街を歩けなかった。要するに、まともな女性には、まともな人格が認められなかった時代なのである。クリスチアン・ソレルも示唆するように、一般にはありえない社会進出の機会と自己実現の可能性を、コングレガシオンは女性に提供していたのだと推察してまちがいあるまい。一八五二年から一九〇一年までのあいだにレジオン・ドヌール勲章を佩綬《はいじゅ》した女性が七三名おり、そのうちの四三名が修道女だったという数字も、そうした事情を雄弁に告げている。

しかし裏を返せば、女性は男性にくらべ、はるかに強力な宗教の囲い込みを受けていたことになる。

この問題をあつかった歴史学の考察に、クロード・ラングロワによる短い論文があり、いみじくも「カトリックの女性化」というタイトルがつけられている。論者は冒頭で、数字に意味はあるか、一人のイエズス会修道士と一介の女性教員とを同等に捉えてよいか、と歴史家の視点から問いかける。しかるのちに、やはり統計は手がかりになるとして、修道士と修道女、修道院の内と外で活動する者とを全部合わせれば、一八三〇年から八〇年にかけて、七万六〇〇〇人からおよそ二二万人になったと言うのである（ソレルの示す数値よりはるかに多いが、いずれにせよ、正確な国勢調査などが行われた時代ではないし、修道会と連携する信徒会など、扱いがあいまいなケースも多々あったものと思われる）。

ラングロワが検討するテーマはまず教育であり、とりわけ女子の識字率を高めるために初等教育に戦略的にとりくんだのが、教会とコングレガシオンであったことを指摘する。さらに信仰心における性差という主題については、一九世紀がマリア信仰の世紀であったこと、男性の信仰心が急速に薄れる一方で、教会にとっては女性信者の確保が生命線とみなされたこと、そのため告解により家庭生活を導くことが教会の使命としてさまざまに議論されたことなどが述べられている。こんな箇条書きにまとめてしまうと、いっこうに実感がわかないだろうから、教育とマリア信仰の問題は別項にゆずるとしよう。一方、告解という営みのジェンダー論的な分析をこころみるために、一九世紀の小説を片端から検討してゆけば、おそらく一冊の書物を書けるほどに豊富な素材が引き出せる。

告解という制度

それというのも、歴史家の論考を読んで、わたしは思い当たったのである。告解をめぐる同じエピソードがモーパッサンの『女の一生』にあったということに。

今では決意を固め、恥じらいゆえの気後れもなかったから、彼女はただちに答えた。「夫は子供は欲しくないのですって」。司祭は彼女のほうにむきなおった。すっかり興味を惹《ひ》かれ、聖職者らしい好奇心をもって、あの寝室の秘密をさぐりだす気構えだった。これがあるから告解の勤めは楽しいのである。彼は訊ねた。「そりゃ、どういうことです?」。すると、決心していたはずなのに彼女は返答に窮した。「だってあのひと……あのひと……わたしが母親になるのはまっぴらだと……」。

司祭は理解した。こういうことは知っているのである。そして詳細緻密に念を入れ、質問をしはじめた。食を断たれている者の食道楽のようなものである。

それからちょっと彼は考えこんだが、のんびりした声で、まるで収穫は上乗ですなというような口調で、問題点を整理しつつ、賢明なふるまい方の計画を説き明かした。「方法はひとつしかありませんよ、奥さん、あなたが身ごもっているとご主人に思わせることだ。ご主人は自制することをやめるでしょう。そうすればあなたは本当にそうなりますな」。

彼女は白眼まで真っ赤になった。しかし何ごとにも立ち向かう覚悟だったので、こう聞き返した。「でも……あのひとが信用してくれなかったら？」。

司祭は人間を導きその手綱《たづな》をにぎる方法をよく心得ていた。「おめでたの話をあちこちでやるんですな、世間にふれてまわりなさい。そのうちに自分から信じてくれますよ」。

そして、この作戦について自分に疚《やま》しいところはないと言わんばかりに、こうつけくわえたのである。「これは奥さんの正当な求めです。教会は子を成すことを目的としない男女の関係を認めてはおりません」。

エピソードの要点がおわかりいただけただろうか。ローマ教皇庁において、この問題（ラテン語では coïtus interruptus そして神学用語では onanisme conjugal）は、告解をめぐる最も微妙にして重大な案件となっていた。『女の一生』の場合、農民的なおおらかさで夫婦生活の秘められた部分に分け入るこの司祭が配置換えになると、極端に厳格で狭量な、狂信的な司祭が赴任する。二人の対照的な聖職者が、中央の神学論争を末端で反映するという仕掛けである。

いずれにせよ模範的な司祭は、教会で説教をするだけではなく、定期的に家庭訪問をして、よろず相談に乗るのが常識だった。『女の一生』の物わかりのよい司祭は、ヒロインの夫が小間使に生ませた子に相応の金をつけるという条件で小間使との結婚を承諾する男を探して本人との交渉に当たる。久しくヒロインの寝室を訪れなかった夫に対し、メッセンジャーをつとめるのも司祭である。今日であれば心理カウンセラーと民生委員とをかねたような具合だが、たとえ善意の介入であっても、妻としての告白に夫ではない男性が耳を傾けること自体、すでにして奇怪なねじれ構造をはらんでいることはまちがいない。

じっさい作者のモーパッサンが徹底した教会ぎらいであったことは知られている。これは批判的な宗教社会学として読み解くことのできる小説なのである。一九世紀の進歩的な潮流に積極的にかかわった男性の大方は、告解の習慣を棄《す》てており、その一方で母親たち、妻たちは、頻繁かつ密接に司祭の指導を仰いでいた。ジュール・ミシュレは一八四五年に『司祭と女性と家庭について』という著作を発表し、司祭は家庭内で父親の、あるいは夫の立場をあやうくすると断言した。そして告解の勤めに熱意を燃やすイエズス会を「われわれの敵」と呼んだ。

こうした世俗化のプロセスにおいて、女性は男性に歴然たる後れをとっていたのだが、それが言いたいことのすべてではない。ジェンダー的なひずみは不可避的に、市民生活と家庭生活に甚大な影響をおよぼすことになる。要するにそれは、社会構造の問題として考察されなければならない。そして、この点に関し、小説にまさるアーカイヴはないのである。

自明のことだろうが、カトリック教会は、女性を守護天使と称《たた》え家庭にとどめるのに大きな役割をはたしていた。かりに新しいコングレガシオンが女性の社会進出に一役買ったことがあるとしても、それは一握りの例外の話でしかないだろう。

「霊的醱酵」の時代

一般的な傾向として信仰生活からの離反は、性差でいえば女性より男性、居住地でいえば田舎より都市部、そして知的な社会集団において顕著に見られる現象だった。ひと言で要約すれば、カトリック教会にとって橋頭堡《きょうとうほ》となった人びとは、辺鄙《へんぴ》な地方に住み、教育を受ける機会にも恵まれなかった女性たちだったということになる。ただし、こうしたことは、第三者的な視点から単純化した記述だからこそいえるのであって、カトリック側の歴史は、異なる視点、異なる語彙で語られる。

すでに何度か参照している『キリスト教史』の第八巻では、著者ソーヴィニーが第八章に「霊的な力の目覚め」というタイトルをつけている。また第九巻の著者ロジェ・オーベールは、第六章「キリスト教の活力」の冒頭で、以下のように述べる。

現代のカトリック出版物ないし多くの司教公開勅書は、一九世紀を宗教的頽廃《たいはい》の時代であり不信心と不道徳が次第にひろがっていった時代、と描いているが、つぶさにみると一九世紀もまた霊的醱酵の時代であった。今日その形式の一部は時代遅れの感もあるが、想像以上に多数のエリートの多岐にわたる努力の表れであることには変わりがない。彼らはより真摯《しんし》に、そしてより深くキリスト教信仰を生き、また当時の実証主義と物質主義の影響にいっそう効果的に対抗しようとしていたのである。主日《しゅじつ》や復活祭のミサに参加する者の減少、一部の地域における司祭志願者の減少、教会とその活動に対する国家権力側からの、ときにはさもしく、またあるときには仮借ない攻撃、さらには〈有害な出版物〉の氾濫《はんらん》にもかかわらず、次のような事実を忘れてはならない。すなわち、次章で述べるようにピウス九世からピウス一〇世に至る時代に見られた教区司祭の著しい質的向上、また各種修道会のすばらしい復興、個人的また集団的な信仰心のさまざまな表明、霊的文学の復活の兆しが見られた。加えてあらゆる種類の社会事業がめざましく発展したが、その根底には信徒の献身的で並外れて高邁《こうまい》な活動の積み重ねが前提となっている。したがって「何世紀ものあいだ、それに比肩

1870年ヴァチカン公会議を開催するピウス9世（在位1846－1878年）

しうる霊的〈復興〉はなかった」（ダニエル＝ロプス）という言葉にも頷《うなず》けるのである。

引用が長くなったが、著者はつづけて修道会の「復興」について、修道会別、国別に具体的な統計資料を挙げながら活動状況を紹介する。大枠の数値においては、歴史学の領域でわたしが参照した文献とのあいだに大きな相違はないように見える。ただし、歴史家が古いコングレガシオンの衰退と新しいコングレガシオンの成長発展と捉えるところを、ロジエ・オーベールは復興と定義するのであり、歴史記述とはつねに意味づけの作業だということに思い当たる。いずれにせよ重要なのは、数量的な変化とともに質的な転換があったという事実だろう。

オーベールによれば、修道会の開花はひとつの「徴候」なのであり、そこには「信心についても深く永続的な発展」が認められるという。信仰者の側からこのような展望が示されること自体は意外ではないだろう。

ところで以下の点は、カトリックの内部を知らぬ者には想像しにくいことなのだが、キリスト教は一神教ではあるけれど、だからといって信仰のスタイルが統一されているわけではない。特に大衆的な信心の対象となる聖人というのがいて、聖アントニウスや聖ヨセフなどがその代表例らしいのだが、時代によってその人気にも盛衰がある。たとえばフロベールが『聖アントワーヌの誘惑』という——わたしたちにとってはきわめて難解な——戯曲風の作品を三度も書き直したりしているのも、同時代の潮流、あるいは流行を受けてのことであるようだ。

なによりもイエスの心臓を象《かたど》った「聖心」Sacré-Cœur と聖母マリア——これが一九世紀フランスのカトリック信仰を特徴づける崇敬の対象だった。こうした民衆的な深い信心については dévotion という言葉が使われる。御守りやメダルや小さな聖像や色刷り版画など、今日でいえば雑多な「宗教グッズ」を伴い、非キリスト教的な民間信仰とも似通ってくる dévotion の流行に、プロテスタントの側からは、強い批判が寄せられていた。ち

民衆信仰のなかで多量に流通していた「聖心」の図や慈愛にみちたイエス像。心臓のうえには信仰の炎《ほむら》と小さな十字架が描かれ、苦難の象徴である荊《いばら》の冠から血が滴《したた》っている

なみに聖心には「みこころ」とルビをふることもできるが、「サクレ＝クール」は、ご存じのようにパリはモンマルトルの丘にそびえる白亜の聖堂の名称である。この象徴的なモニュメントは、第三共和政の初期、苛烈な政教分離の嵐が吹き荒れた時代に、全国のカトリック信徒の喜捨により建立されたのだった。

ルルドの奇蹟

一九世紀のマリア信仰は「奇蹟」と結びついており、ここで立役者となるのは、前項の冒頭で示唆したように、社会的にはマージナルな存在である。もっとも名高い例を挙げれば、一八三〇年、修道女のカトリーヌ・ラブレーが、一八四六年、ラ・サレット（フランス東部グルノーブルの近くアルプス山中）で羊飼いの子どもたちが、そして一八五八年、ルルド（フランス西南部ピレネーの麓《ふもと》）でベルナデット・スビルーが聖母マリアの「出現」を見た。「出現」にかかわるマリアの伝承は、イエスの使徒の時代から脈々と受けつがれたものだといわれるが、これが一九世紀の前半に突如、脚光を浴びたのである。経験者はいずれも「神のはしため」である無名の修道女や、独り自然と向きあって暮らす羊飼いの少年少女などだった。

まずは括弧《かっこ》つきで用いた「出現」apparition のカトリック神学的な定義だが、これはキリストや天使、聖母、聖人などの霊的存在が目に見えるかたちで現れることを指す。『岩波キリスト教辞典』によると、「出現」においては、現れたものが見る人のまえに実在するのだが、「幻視」vision においては実在しない。旧約聖書の有名な逸話についていうと、少年ヨセフや預言者ダニエルが未来を予告する夢を見る話は、霊的存在の「実在」とは無縁だから、「出現」ではなく「幻視」にあたる。

じっさいにマリアを見たと証言する者の報告を詳細に検討し、これが真正の「出現」であるか否かを決定するのは、カトリック教会である。ラ・サレットにおける「出現」は一八五一年に、ルルドの「出現」は一八六二年に、正式に「認定」されたのだが、当然のことながら、ここには高位聖職者たちの神学論争が反映される。

「無原罪の宿り」という言葉は、一九世紀のマリア信仰をめぐるもうひとつのキーワードだろう。これも『岩波キリスト教辞典』によれば、「聖母マリアがこの世に生を受けた瞬間から原罪の汚れから守られていたこと」を指す。「しばしばマリアの処女懐胎と混同されがちだが、そうではなくマリア自身がその母親の胎内に宿ったときすでに無垢《むく》であったことをいう」とある。カトリック教会では一八五四年に教皇ピウス九世が、これを全キリスト者の受けいれるべき教義として宣言した。プロテスタント側からは、聖書を逸脱したものとして批判の声が挙がり、東方正教会も「原罪」の解釈について異議を唱えた。

キリスト教世界の頂点における神学論争は、末端の田舎司祭にまで迅速に浸透していたのだろう。おそらくこの言葉そのものは、小さな村の教会に集《つど》う者たちにまで、司祭さまの口を通して伝えられていた。「出現」を経験したベルナデット・スビルーは、そのときマリアは、自分は「無原罪の宿り」であると名乗ったと証言したのである。見方をかえれば、あらたな教義の裏づけとなる

1858年に「マリアの出現」を見たベルナデット・スビルーは、修道女となり若くして病没した

「奇蹟」を教会の側でも待ち受けていたと推察される。

もともとマリア信仰は、農村や漁村の古い生活習慣のなかに根づいていた。都市部の知的活動から隔絶した僻地であればなおのこと、伝承や風評が超自然的なものへの期待を育《はぐく》んでいたにちがいない。ひとつの「出現」の噂は近隣に伝わり、あらたな「出現」の噂を呼んだ。これが「奇蹟」として認定されるプロセスでは、ルルドの例にあるように、そこを訪れた信者の重い病が不意に治ったというような、あらたな驚異を伴うのが一般的だった。

こうして貧しい粉屋の娘ベルナデットが、マリアのお告げを聞いたと証言したために、なんの変哲もない寒村だったルルドが、わずか半世紀のうちにヨーロッパ随一の「聖地」に変貌した。今日ルルドを訪れる巡礼は、年間五〇〇万人と言われるが、これはメキシコのグアダルーペの一二〇〇万人につぐ世界第二位の数値である。いったい何が起きたのか、わたしたちの理解を超える何かがあったにちがいない。

一八六九年、アンリ・ラセールという作家が『ルルドの聖母』を発表し、これは（数十カ国への翻訳を別にしても）一〇〇万部近いベストセラーになったという。ラセールはいわばルルド公認の文筆家であり、何冊もの類書を執筆した。発行部数が当時としては異例なものだったためもあるだろうが、このルルドものは、今でも簡単に古書が手に入る。手もとの版をめくってみると、マリアの「出現」をめぐり、大衆の期待する通りに、ナイーヴな文体で「奇蹟」を描きだした著作であることが一目でわかる。まさにその意味で、分析に値する書物なのだ。

カトリック教会には批判的だったエミール・ゾラの『ルルド』は、一八九四年に出版された。わが国のフランス文学研究では、ほとんど顧みられることはないが、十数万部を売って世紀末には『ナナ』や『居酒屋』に匹敵する話題作になっていた。信心や奇蹟を科学の側からどう解釈するか、修道会や信徒会はいかに組織され、どのような活動を展開していたか、等等、興味のつきない資料である。この作品は第4章で第三共和政の政教分離を考えるときに、あらためて読み解くことにしよう。

アンリ・ラセール『ルルドの聖母』1890年版。革表紙の美しい装丁で、扉ページの書き込みによると、女子修道院の寄宿学校で優等賞の生徒に授与されたものらしい

「教育の自由」について

大革命から第三共和政にいたる教育の世俗化

について、数ページで解説しようというのが暴挙であることはわかっている。さいわい歴史学の領域では、谷川稔氏が『十字架と三色旗』のなかで、革命後の初等中等教育と宗教の関係を総合的に論じている。明快な著作であるから、各自当たっていただくとして、ここでは邦訳のないジャン・ボベロ『フランスにおけるライシテの歴史』を参照しながら、いくつかのポイントを整理しておきたい。

まずは何ゆえの宗教か、それは不可欠か否か、という問題である。宗教とは本来、普遍的な「真理」にかかわる精神の営みであった。これに対して一九世紀前半に、社会的な「有用性」ゆえに宗教が評価されるべきだという考え方が浮上する。これにしたがうなら、倫理的な貢献が大きく、社会の安寧《あんねい》に寄与するほどに、すぐれた宗教とみなされよう。一八世紀までのカトリックとプロテスタントの抗争は、「真理」と「誤謬《ごびゅう》」をめぐる対立に発したが、社会的な貢献という話であれば、両者は共存しうるのである。いわゆる自由主義《リベラリスム》を選択した一部の聖職者が、じっさいに教理の違いをこえて共同する風景も見られるようになった。

歴史全体の大きな流れは、以下のように要約できる。王政復古期にはカトリックが勢力を吹き返していたが、一八三〇年以降の七月王政においては、その反動が起きて、むしろ諸宗派を調停する動きが顕著だった。まず「冒瀆罪《ぼうとくざい》」が廃止され、ユダヤ教のラビへの俸給も公的基金から支払われるようになった。複数の「公認された宗教」という枠組みによりカトリックとプロテスタントが併置されただけでなく、枠そのものがキリスト教の外部であるユダヤ教にまで拡がった。こうして穏健なブルジョワジーの期待するように、宗教と政治が折り合いをつけられる社会構造が、徐々に定着してゆくのである。教育改革の推進者ギゾーは、プロテスタントだったが、そのことが政治家のキャリアの妨げにはならなかった。

制度的なレヴェルでは、一八三三年六月二八日の「ギゾー法」により、県ごとに男子師範学校を置くこと、人口五〇〇人以上の村には男子小学校を置くことが定められた。しかしこの法律は、肝心の宗教との関係はあいまいなままに残していた。初等教育の監督をおこなうのは宗務省であり、学校の先生はしばしば司祭の助手のような身分に甘んじていたという。

ところで、以上のような情勢のなかで積極的に「教育の自由」を唱えたのはもっぱらカトリックの保守勢力だったという点に留意しよう。その動機は、みずからの望むところにしたがい、つまり自由に伝統的な宗教教育を推進したいという主張にあった。今日の米国を見ても理解できることだけれど、自由を主張するのが革新勢力であるとはかぎらない。すこし話を先取りすれば、第三共和政の初期、教育改革にとり組んだ政治家たちは、カトリッ

1848年の二月革命はカトリックと共和国の束の間の蜜月をもたらした。普遍的な共和国のモデルであるフランスの三色旗につきしたがうヨーロッパ諸国の民。地平線の彼方までつづく行列を天空から祝福するキリスト

ク勢力を排除するために、基本的人権としての自由を犠牲にしてまでも、統一的な制度を打ち立てようとしたのである。

さて一八四八年の二月革命によって、短命な第二共和政が誕生すると、七月王政の抵抗勢力であったカトリックの聖職者と共和派が合流し、奇妙な蜜月を過ごすことになる。

「自由の木」の植樹祭では、僧侶が聖水を撒《ま》き、革命の闘士たちがひざまずいて祈るという光景が見られたのだった。「教会は共和国を尊重し、国家《ナシオン》は教会を尊重しなければならない」という標語は、一目して明らかなように、国と宗教の紐《ちゅう》帯《たい》を強めようというのであるから、じつは「ライシテ」の定義からはほど遠い。

一八五〇年三月一五日の「ファルー法」は、人口八〇〇人以上の村に女子小学校を置くことを定め、教師の俸給を引き上げた。しかしその一方で、司祭の発言権は大幅に増し、しかも中等教育が「自由化」されることになる。もう一度、用語を確認しておくが、要するに諸修道会に対し、とりわけイエズス会に対し、自由に教育活動をおこなうことを認めたのである。

そうしたわけで、政権の交代による紆余曲折にもかかわらず、コングレガシオンが教育の現場で演じる役割は、ひと言でいえば増大しつづけた。ここでは谷川稔氏の著作に依拠するが、一八七〇年代には生徒総数の四〇パーセントが修道会系の学校に通っていたという。

ところで宗教系・非宗教系の公教育のなかには、それぞれに公立と私立の両方が含まれる。その上、たとえばカトリック系の女子修道会が経営する初等教育機関といっても、貴族やブルジョワの子女をあずかる大都市の寄宿学校と、読み書きの訓練と最小限の宗教教育をするだけの寒村の小学校とでは、当然予想されることながら、教育プログラムがまったく異なっている。詳細に検討してゆけば大論文が書けそうな主題だが、そして『コングレガシオンの時代の学校教育――リヨン司教区（一八〇一―一九〇五年）』などという歴史学の文献も手元にあるのだが、やはり実感がわかない。読みなれた小説を素材にして、一九世紀中葉の女子教育の風景を素描してみよう。

女子修道会系の小学校。教壇のうえの壁には十字架、その隣にはアルファベット。信仰の手引きと識字教育が主眼であったことがうかがえる

修道院で育った娘たち

ジャン・ヴァルジャンが逃げこんだ女子修道院にも、寄宿学校が併設されており、作者ユゴーは腕に撚《よ》りをかけて、あどけない少女たちの姿を活写してみせる。こうした施設では、もちろん定額の授業料など存在しなかった。コゼットはジャン・ヴァルジャンの孫といつわって、その寄宿学校に受けいれてもらったのだが、面接に立ちあった修道女は「みにくい女になるでしょう」と院長に保証した。修道女のリクルートは難しい。不美人であれば俗世の誘惑がないから、おのずと候補になるだろうという意味である。こうしたケースでは教育は無償だったと推察される。じっさいコゼットが成人して修道院を離れたとき、ジャン・ヴァルジャンは五〇〇〇フランの「補償金」を納めている。

修道院の女子教育では、純潔こそが至上の徳目だった。一八世紀を代表する書簡体小

説、ラクロの『危険な関係』をはじめ、さまざまの具体例を文学作品に見出すことができる。よくある話は、たんなる無知を無垢ととりちがえた結果、ヒロインの一生が台無しになるという設定だろう。モーパッサンの『女の一生』も、ジャンヌが修道院の生活を終える日から物語が始まるが、この幕開けがひとつの象徴となっている。修道女も母親も、誰一人として、男性についての、そして性についての基礎知識を授けてはくれなかったのである。無知なままに結婚したジャンヌが、結婚生活の不幸を独身者である司祭に打ち明ける。これが「告解という制度」の項で紹介した奇怪なねじれ構造だ。

しかし庶民の生活と女子教育という主題について、ほとんど哲学的といってよい症例研究をのこしたのは、なんといってもフロベールだろう。『ボヴァリー夫人』のヒロインは、とりたてて裕福でもない農民の娘でありながら、大都会ルーアンの寄宿学校でお嬢さま風の教育を受けた。そしてしがない田舎医者のシャルルに嫁いだ彼女は、深い幻滅を知る。宗教的な環境や、読書の経験は、人間形成に決定的な影響をおよぼすと作者は考えていたにちがいない。人妻になったエンマは夢と現実のギャップに苦しみ、恋人を作り、借金を重ねて、贅沢に気をまぎらせようとするが、ついにみずからの人生を破壊するところまで追いつめられてゆくのである。

ユゴーとちがってフロベールは告発のスタイルを好まない作家だから、表立って「悪しき教育」という断罪の言葉が書きこまれているわけではない。とはいえ第一部の第六章は全体が、修道院で育まれる乙女の夢にささげられており、しかも、その描写にはたっぷりとアイロニーが注ぎこまれている。時代を先取りした女子教育批判をここから読みとることもできるだろう。

一三歳で修道院の寄宿学校に入ったエンマは、抵抗もおぼえずに生活にとけこんだ。修道女たちは親切だったし、まずは酔うような「宗教感情」の経験があった。

こうしてぬるま湯のような教室の雰囲気にたえず浸りきり、銅の十字架のついた数珠《じゅず》をつまぐる白皙《はくせき》の修道女たちに囲まれて暮らしていると、祭壇の薫香《くんこう》や聖水盤の冷たさや大蠟燭《ろうそく》の光明などから立ちのぼる神秘なけだるさに、彼女はうっとりとわれを忘れてゆくのだった。〔……〕苦行のために、丸一日食べ物を口にしないこともあった。何か自分に課すべき誓願などありはしないかと頭をひねったりもした。告解に行くときは、一刻でもながく暗がりに跪《ひざまず》き、両手を合わせ、司祭の囁《ささや》くような声を聴きながら顔を格子に押し当てていたい一心で、ありもしない小さな罪を発明したものだった。説教のなかにくり返しあらわれる許嫁《いいなずけ》とか、夫とか、天にいます恋人とか、久遠《くおん》の婚姻といった比喩は、魂の奥底で、どきりとするような甘美な思い

1866年の時点で、フランス国民の97パーセントがカトリックであると答えている。信仰生活の規範がくずれはじめたとはいえ、「初聖体拝領式」のような生活習慣はゆらがなかった。子どもの成長をたしかめる節目という意味では、日本の七五三に似通うところもあるが、この絵画に表象されているのはまさに、陶酔を誘う「宗教感情」だろう

をかき立てた。

強調しておきたいのだが、ここでフロベールならではの濃密な文体によって描かれているのは、キリスト教の「信仰」とは別の次元にある「宗教感情」という現象である。フロベールは『聖アントワーヌの誘惑』や『サラムボー』、そして晩年の『三つの物語』にいたるまで、終生、キリスト教と異教をふくむ宗教の諸問題を考察しつづけた。なかでも重要なテーマのひとつが「宗教感情」である。

じっさい実証主義の流れのなかでは、次のような議論がくり広げ

られていた（工藤『ヨーロッパ文明批判序説』）。かりに「宗教感情」が普遍的なものとして人類にそなわっているとしたら、それは宗教の必然性を示唆するものであり、人間には宗教が必要だというテーゼを認める根拠ともなるだろう、というのである。しかも、この「宗教感情」にはジェンダー的なバイアスがかかっている。ヨーロッパ近代小説に親しんでいる者なら、おのずと思い当たるだろう。教育の結果であるのか、先入観が教育を方向づけたのかは別として、しばしばそれは女性的な現象として描かれているのである。

さてエンマの修道院生活のつづきを読むと、公に認められている読書の紹介がある。たとえば聖書に記された歴史の梗概《こうがい》や、神父による説教集、日曜日には特別にシャトーブリアンの『キリスト教精髄』といった具合である。ヒロインはもっぱら「ロマンチックな憂愁の響きゆたかな嘆き」を求めていた。なぜなら彼女の資質は「感傷家」のそれであり、風景ではなく「感動」を探していたのだから、というのが締めくくりの解説で、その内容からすると女性は「宗教感情」への適性をもつという紋切り型の了解を、作者は意図的に反芻《はんすう》しているのではないかと思われる。

つづく段落は、通いの婆さんがこっそり渡してくれる禁書のたぐい。フロベールが腕をふるって要約するのは、冒険や裏切りをもりこみ、安手の涙を誘う、波瀾万丈の愛の物語である。音楽についてもヒロインは、素頓狂《すっとんきょう》に現実離れしたロマンスを習い、こってりと甘く荒唐無稽な夢にのめりこんでゆく。そうこうするうちに、ある日彼女は、ふと自分が感情の陶酔から醒《さ》めてしまったことに気づく。修道女たちもはじめの期待と異なって、エンマが修道院に向かないと感じており、彼女が実家にもどるのをむしろ喜んだのだった。それにしても良家の子女の教育とは、この程度のものだったのか。散文的な結婚生活でエンマが不適応の症状を見せるのは、当然すぎるほど当然ではないか。

これに対する男子の教育はどうか。エンマの伴侶となるシャルル・ボヴァリーは、まず村の司祭からラテン語の手ほどきを受け、エンマと同様、一三歳か一四歳のときに、ルーアンに出て、おそらくは非宗教系のコレージュ（中学校）に入学し、凡庸な生徒ながら一応は勉学をつづけ、保健師と医師の中間ぐらいの免状をとる。フロベール自身は一〇歳でルーアンの王立コレージュに入学、著名なヴィクトル・クーザンの弟子筋に当たる哲学の教師から多くを学ぶ。文学の教材はもっぱら古典だったが、ひそかに読み回すのは、ミシュレやユゴーなどの現代作家たちだった。

「はじめに」で引用したモナ・オズーフの言葉「フランスの家庭内における精神的（＝霊的）・政治的な離婚」が、教育制度に内包された性差、いや性差別に由来することは、どうみても疑いようがない。

第3章
「共和政」を体現した男

箒を手にコングレガシオン勢力を一掃するジュール・フェリー（アンドレ・ジルの風刺画、1880年）

第三共和政の成立

いわゆる「歴史的事実」を公正な展望のもとに提示するのは、本当の歴史家だけがなしうるところだろう。しかも第三共和政初期の政治状況は、無数の糸がもつれたように錯綜《さくそう》する。ここでは『世界の歴史22――近代ヨーロッパの情熱と苦悩』(中央公論新社)の谷川稔氏の記述を参照しつつ、第二帝政の瓦解から一〇年ほどに期間をかぎり、主な出来事を復習しておきたい。この章の主題にかかわる基礎知識という程度のまとめである。

一八七〇年七月、フランスは鉄血宰相ビスマルクの挑発に乗ったような格好でプロイセンに宣戦を布告した。しかし早くも九月二日にナポレオン三世がスダンで降伏して捕虜になり、第二帝政は事実上崩壊する。戦争の続行を前提とした国防政府は民衆の圧力を受けてとりあえず共和政への移行を宣言する。そして首都パリを包囲され兵糧攻《ひょうろうぜ》めにあったまま厳寒の季節が到来し、翌七一年の一月末に暫定休戦が成立した。慌ただしく選挙が行われてボルドーで招集された国民議会は、大方の予想に反して王党派が圧倒的多数を占めていた。したがってこの時点において、フランスの政体が王政となるか共和政となるかという重大な問題は、まだ決着を見ていない。

七月王政期に首相をつとめたアドルフ・ティエールが、この反動的な議会により「行政長官」に指名され、パリを手中におさめていた民衆や国民衛兵と対決することになる。ちなみに国民衛兵は、フランス革命期につくられた市民の武装組織であり、政変においては、しばしば決定的な役割をはたしてきた。一八四八年の二月革命も、国民衛兵と民衆が一体となって成功に導いたものだ。第2章「『市民』であることの崇高な意味」の項で話題にしたように、ジャン・ヴァルジャンにとっては、国民衛兵の一員となることが、まっとうな「市民」として認知されることを意味していた。一八七一年、コミューンの騒乱のあと、国民衛兵は解散を命じられることになる。

ティエールは正規軍を送り武装解除をこころみたが、あえなく敗退してヴェルサイユに逃亡、首都ではパリ・コミューンの成立が宣言された。しかしティエールの政府はまもなく態勢を立て直し、五月末、パリは政府軍の総攻

パリ・コミューンの「血の週間」に抵抗の拠点となったバリケード

撃を受けて陥落する。この時のすさまじい報復テロは「血の週間」と呼ばれ、コミューン派の死者はおよそ三万人ともいわれている。

わずか七十二日で潰《つい》え去ったコミューンの夢は何であったのか。「労働者生産協同組織」などのアソシアシオン（明確な目的をもった二人以上の集まり。詳しくは後述）の組織化、中央集権的な国家の解体、「プロレタリア独裁」といった急進的な政策目標、一九世紀の社会運動の集大成、「革命の都パリ」に根づいた都市民衆の反乱、等々の側面が複雑にからむこの出来事を描写することは、本書の射程をこえる。確認しておきたいのは「共和国万歳！」と叫ぶ一般市民を武力で鎮圧することによって、第三共和政が成立したという事実である。

一八七一年八月、パリ・コミューンの制圧に成功したティエールが大統領になったときが、第三共和政の始まりとみなされる。しかしここでもドイツへの賠償金支払いや占領軍の撤退など焦眉《しょうび》の政治課題が優先し、政体に関しての議論は先送りになっていた。

一八七三年、対ドイツ問題が一応の決着を見るが、ティエールが共和政体をめざしていることが明らかになると、王党派の巻き返しがおきた。議会で不信任案が可決されたためティエールは退陣を余儀なくされたのである。かわって大統領に推されたマクマオン元帥は、コミューン鎮圧の功労者であり、カトリック勢力の躍進した内閣は「道徳秩序」と呼ばれる保守政権となった。しかし王党派の内部ではブルボン王朝の再興をめざす正統王党派と七月王政の流れを汲むオルレアン派が鋭く対立し、その一方でナポレオンの家系を擁立したいと願う人びともおり、こうした確執のために王政復古の筋書きが一本にしぼられることはついになかった。

その間に議会ではしだいに共和派の議席がふえてゆく。諸勢力の拮抗《きっこう》するなかで、一八七五年、ようやく第三共和政憲法がわずか一票の僅差で承認された。王党派は七年任期の大統領制を命綱とみなし、終身議員と間接選挙による上院の設置に期待をかけた。共和派は普通選挙による下院が突破口になると考えており、じっさいに翌七六年の選挙で圧倒的な勝利をおさめたのだった。

こうして王党派の大統領のもとで、共和派が組閣を担当することになるのだが、一八七九年の選挙において、王党派は上院でも少数派に転落し、マクマオンは任期の途中で大統領を辞任した。憲法に則って国民の選出した議会が最高権力をもつとみなされる「議会政治」が、はじめて実効をもった。真の共和政はこの時点、一八七九年に誕生したとみなすことができる——以上が、歴史学の提示する見取り図である。

政治史を専門とするルネ・レモンの著作は、わたしのような門外漢にとって、しばしば目から鱗といった感じの教示にみちており、この先たびたび参照することになるのだが、名著『フランスの政治活動』は三巻で構成されている。第一巻は一七八九年から一八四八年、第二巻は一八四八年から一八七九年、そして第三巻は一八七九年から一九三九年という区分である。ルイ＝フィリップの七月王政から第二共和政への転換を決定づけた二月革命の年、一八四八年は予想通りだが、なぜ第二帝政崩壊の年ではなく、一八七九年が新たな出発となるのだろう。以前から、そう疑問に感じていた。そこで、政治史の観点からすれば初歩的な了解かもしれない一八七九年の重みを理解するために、この項で歴史の復習をしてみたのである。ここで成立した「共和政」は、フランスの政体としてはめずらしく一貫性をもち、一九三九年にはじまる第二次世界大戦下で、ヴィシー政府に権力を委譲するまで持続する。

マクマオンのあとをついだジュール・グレヴィは、一八七九年一月から八七年一二月まで大統領の職にあり、その間に内閣首班はなんと一二回もめまぐるしく替わったが、だからといって政策が右顧左眄《うこさべん》したのではないらしい。反対にこの時期一八八〇年代の前半に、議会共和政の実質的基礎が固められたとみなされている。その主導権を握ったのがジュール・フェリーを中心とする穏健共和派だった。

ジュール・フェリーと環境としての宗教

ジュール・フェリーと共和政を考えるといっても、わたしは歴史家でも政治学者でも法学者でもない。これまで一般市民の日常生活や信仰生活、社会生活、そして冠婚葬祭のしきたりや教育の機会などについて、先立つ時代を概観してきたが、ジュール・フェリーの政治活動や思想についても、ほぼ同様の観点から見てゆくことにしよう。

歴史家ラウル・ジラルデによると、ジュール・フェリーは「生まれながらの共和派」であったという。個人の自由意志による選択ではない。何世代も受けつがれた「イデオロギー的な遺産」によって定められた方向だというのである。そうした指摘を念頭においたうえで、ジャン＝ミシェル・ガイヤールによる浩瀚《こうかん》な伝記をひもとくことにする。まずは家庭環境の確認から。

ジュール・フェリー（1832－1893年）

ジュール・フェリーは一八三二年、ヴォージュ県の小邑《しょうゆう》サン・ディエで生まれた。ヴォージュ県はドイツとの国境に近く、旧地方名でいえばアルザス・ロレーヌにふくまれる。父親は弁護士で地元名士といえる人物だが、一世紀さかのぼれば農民の家系だった。一八世紀末に手工業に転じて成功した一族は、教育水準も一挙にあがり、思想的には革命に賛同し、代々フリーメイソンの会員を擁していた。

子どもは三人で、姉のアデーレと弟のシャルルがいた。ジュールが四歳のときに母が他界したために、アデーレは父をささえ弟たちの母親代わりをつとめて生涯独身をつらぬいた。家族は緊密に結ばれていたが、一八世紀の啓蒙思想に養われた男たちはルソーやヴォルテールを愛読し、アデーレは深いカトリック信仰を抱いていた。前章で見たように、宗教をめぐるジェンダーの乖離《かいり》が典型的にあらわれた一家である。

すでに恒産をたくわえていた父親は仕事を辞めてストラスブールに転居する。学業で頭角をあらわした息子たちの将来に自分の人生を賭けようという心積もりだった。一九世紀フランスは、地方から中央へ、農民から知的な都市住民へという上昇の物語にみちている。

王立コレージュに進学したジュールは期待に応え、成績優秀で絵画などもたしなむ模範的な生徒として成長する。休暇は故郷サン・ディエの伯父のもとで過ごしていたが、自由主義者にして教会ぎらい、ブルボンもオルレアンも王党派なるものは認めないという伯父の政治的信条に、ジュールは少なからず影響を受けていた。やがて一八四八年の二月革命が勃発。フェリーの一族は、原理的には政変を歓迎するが、無秩序な民衆運動を脅威と感じるという点では、穏健なブルジョワの標準的な反応を見せる。

一八五〇年、一家はパリに居をかまえ、ジュールは法学部に進学する。おりしも「ファルー法」（第2章「『教育の自由』について」の項参照）が可決され、カトリック教会が教育への支配権をとりもどす勢いを見せていた。「大学と教会というライバルの系列で別々に育てられた二種類の若者世代」――自らのポジションを自覚したジュールが書き記した観察だが、ここでいわれているのは、むろん男性と女性の乖離ではなく、男子教育の内部に生じた亀裂である。

一八五一年一二月二日、ルイ・ナポレオンのクーデタが起きる。国民議会は解散され、二一日の人民投票は、投票率八三パーセント、賛成九二パーセントという圧倒的な支持によりクーデタを追認することになる。

ジュール・フェリーは、議会共和政を蹂躙《じゅうりん》して政権の座についたナポレオン三世に対し、抵抗勢力の側に立つことを決意した。そして弁護士の資格を得て、共和派のジャーナリズムを足場に執筆活動をつづけ、共和派のサロンに出入りし、一八六九年には、パリ市から下院に選出されて政治家の道を歩み始めた。

その間に家族の状況にも大きな変化がおきた。一八五六年、父が逝去する。信仰をもたないと公言していた啓蒙思想の申し子は、今際《いまわ》の際《きわ》に神父を呼んでほしいと頼み、二人の息子には、この行為が信心深い長女アデーレへの思いやりであると説明した。事態を見抜いた神父は、終油の秘蹟をこばみ、病人は娘に看取《みと》られて世を去った。一人の人間の死に、方をめぐる親族の微妙な軋轢《あつれき》と教会との確執。これもよくある話だった。

アデーレは成人した弟たちをパリにのこして故郷のサン・ディエにもどる。そして信仰と慈善に日を送ることになるのだが、それがきわめて活動的な生活であったことも言いそえておこう。貧しい娘たち二〇名を雇用する裁縫場の運営、美しいソプラノの声とピアノの素養を活かした子どもたちの音楽教育、その他もろもろの慈善活動という具合で、晩年にはリューマチの激痛と闘いながら慈善事業団体を設立し、地元では聖女と崇《あが》められていたという。

カトリック教会が、職業をもたぬ女性に社会的な活動の場を提供した一例といえよう。弟たちとの絆が信仰ゆえに断ち切られるということはなかった。個人の選択である信仰の問題と制度としての教会は別物であるというジュール・フェリーの確信は、こうした家族関係により、むしろ補強されていったのかもしれない。その一方でアデーレのカトリック信仰には激越なものがあった。親戚の青年がプロテスタントの女性と結婚するという話がもちあがったときには、信心深い女性たちを募って猛烈な反対運動をおこした。ジュールは姉の説得につとめ、問題の二人は結ばれた。こうして従兄弟《いとこ》の妻となった聡明な女性にジュールは深い信頼を寄せるようになる。

結婚がもたらしたもの

そのジュール自身がプロテスタントの女性を結婚相手に選んだのは一八七五年のこと。四〇を回ってからの晩婚であり、アデーレはすでに鬼籍に入っていた。ジュール・フェリー夫人となるウジェニー・リスレルは二〇代半ば、第2章で紹介した「修道院で育った娘たち」とはいかなる意味でも似ていない。

ウジェニーの母はケストネル家の出身である。その姓からも推察されるように、この一族はドイツ系のアルザス住民で、すでに曾祖父の代にストラスブールの銀行を経営し、工業化の波にのって蓄財した大ブルジョワである。ウジェニーの祖父シャルル・ケストネルはプロテスタントの堅実な精神を守りながら、政治や社会運動に積極的に参加した。一八五一年、ルイ・ナポレオンによるクーデタのときには一時亡命を余儀なくされた反体制の議員である。その後も自らの経営する織物工場で社会保障のモデルを実践し、労働者の経営参加を構想するなど、先駆的なパターナリズムの活動をおこなっていた。シャルル・ケストネルの女婿《じょせい》となってシュレール＝ケストネルを名乗ったオーギュスト・シュレールは、のちに上院副議長として、ドレフュス事件（一八九四―一九〇六年）にかかわることになる。ユダヤ人大尉の無罪を確信して裁判のやり直しを求めた再審派の重鎮である。

ジュール・フェリーにとって、ウジェニーと結婚することは、このような共和派の知的集団と親交を結び、大ブルジョワの一族に迎えられることを意味していた。彼は、長年の知己であるレオン・ガンベッタの友人シュレール＝ケストネルの紹介で、この一族を知った。伝記にはジュール・フェリーが二〇代のエピソードとして人妻との恋が記録されているが、独身のまま中年にさしかかったところでウジェニーとの出会いがあった。恋愛感情と客観的な状況判断と、どちらが先行したのかは推測のしようもないが、ともかくジュール本人が固く決意し、ウジェニーと親族とを説得して結婚にまで漕ぎつけたのである。パリ市長、アテネ駐在大使を歴任した一八七四年のジュール・フェリーにとってさえ、適齢期のウジェニーは高嶺《たかね》の花だった。

独仏の文化を往還してきたアルザス地方にはプロテスタントの住民が多く、独特の精神風土があった。修道院を知らない娘たちは、精神の自立という意味で、時代をはるかに先んじているように見える。「アルザスの女王」と呼ばれた既婚の女性たちも、洗練された社交界で采配をふるい、夫のかたわらで政治を論じていたのだった。ジュール・フェリーの私生活について、わたしが参照している文献は、ガイヤールの伝記のみだから、描出された人物像が主観的でないとは保証できないが、それにしても、のこされた手紙のやりとりを見るかぎり、ウジェニーの冷静な対応と気位には人を圧倒するものがある。ジュールは一族に発言権をもつシャルル・ケストネル未亡人、つまりウジェニーの祖母に、ついで叔母に懇願し、手紙の仲介を頼み、外堀を埋めてから、ついに本丸を攻め落とした。

結婚を承諾したウジェニーは「民事婚」を望んだ。役所に届けを出すだけの無宗教の挙式ということである。一八七〇年代になっても、ブルジョワの婚姻では例外といってよいほどまれな形式であり、宗教離れをしたジュールでさえ教会におもむいたほうが無難だろうと考えた。花婿の政治家としての野心を知るティエール前大統領も、将来に禍根をのこすだろうと懸念した。それでもウジェニーの決意はかたく、プロテスタントの牧師もカトリックの神父も招かれぬ式によって、二人は結ばれた。

莫大な持参金をたずさえてジュール・フェリーのもとに嫁いだウジェニーが、献身的な妻になり、結婚生活は平穏に過ぎたという事実は、ひと言報告すればよいのだが、ひとつ後日譚がある。一八八五年にフェリー内閣が倒れ、経済政策、植民地政策を批判する世論の批判が高まったとき、教会の祝福を経ていないジュールの結婚までがやり玉にあがり、「同棲」という言葉で揶揄《やゆ》された。ティエールの危惧《きぐ》は当たったのである。

以上のいきさつで不思議に思われるのは、いかなる場面でも、当事者たちの信仰が問題にされ、それが結婚の障害になったような形跡がないという点だ。じつのところジュールは結婚式に「教会」がかかわりさえすれば、カトリックでもプロテスタントでもかまわないと考えていたらしい。それでいて宗教は形式的な些事《さじ》ではなかった。一国の首相をつとめた人物の法的には正しい「民事婚」が「同棲」などという品のない言葉で攻撃されるのはなぜなのか。わたしたちには想像しにくいような力学がはたらいて、個人の帰属する宗教が、社会集団の色分けと価値づけに使われていたのではないだろうか。

「プロテスタントは共和派」という構図

社会史的なライシテ研究の第一人者であるジャン・ボベロによれば、カトリックとプロテスタントのあいだには、「対立」というだけでなく「憎悪」の歴史があったという。宗教に関して感情的な軋轢はありがちだという話ではなく、あらためて迫害の歴史を思いおこそうというのでもない。信仰の相違が政治的あるいは市民的なアイデンティティに連動する局面があるはずで、そのとき宗教は、いわば対立の符牒《ふちょう》のようなものとして機能する。たとえば「プロテスタントの娘との結婚はぜったいに許さない」と親族がいうときに、個人の人品が問われているのではないだろうということを、わたしたちは容易に想像できる。だとしたら何が障害となっているのだろう。参照するのは、ジャン・ボベロとヴァランティーヌ・ズュベルの共著『忘れられた憎悪――ライシテ契約に至るまでの反プロテスタンティズム』の「序文」である。

二〇世紀の初頭、反プロテスタント系の日刊紙がキャンペーンを組んだ。フランスのプロテスタントは国内に住む「外国人」という論調で、プロテスタントの「陰謀」「侵入」「裏切り」という語彙が飛び交った。そこに至るまでの何世紀かの歴史を、とりあえず非カトリックの視点から簡単にふりかえっておく。

一八〇一年に締結されたローマ教皇庁とのコンコルダートの概要については前章で述べた。ナポレオンはカトリックが「フランス市民の大多数の宗教であることを認める」としたうえで、ルター派と改革派、一足おくれてユダヤ教にも法的な保障をあたえることにしたのである。さらに時代をさかのぼるが、一五九八年、アンリ四世は「ナントの勅令」を発布してプロテスタントに信仰の自由を認めていた。しかしルイ一四世は絶対王政の強化をめざして一六八五年にこれを廃止した。その後一七八九年の「人権宣言」が信仰の自由を高らかに謳《うた》いあげたものの、実現への具体策がないままに革命の混乱期が到来する。したがって、コンコルダートによって、複数の宗教が共存しうる社会の法的な根拠が示されたのは画期的だった。それは大多数のカトリックにとっては承伏しがたい事態だったが、非カトリック系の国民が一息ついたことは確かだった。

それにしても当時、大多数のカトリックをまえにして、プロテスタントは人口の二パーセントそこそこという少数派だった。それでも国家の援助で教会が建て直されるなど、一八世紀には起こりえなかったことが起きた。こうしてプロテスタントの活気と存在感は一九世紀を通じて増してゆくのである。

対プロシア戦争にあっけなく敗退し、コミューンで首都が血みどろになったフランスでは、国民の内部の対立が深刻な様相を増していた。併存する複数の宗教は人びとを融和の方向に導くことはなく、むしろ個別の集団を囲いこむ動因となる。事態を単純化してしまえば、一方には、フランスの魂はカトリックにあるゆえ、これにふさわしい政体が望ましいと考える陣営があり、他方には、一七八九年の原理に立つフランスは、民主主義とライシテを実現しなければならないと主張する陣営がある。

これは信仰と無信仰の対立ではない。そうではなく、長い伝統に立ちフランス国民のアイデンティティを「カトリック教会の長女」と定義すべきなのか、それとも革命の理想を受けつぐ「現代的なフランス」をこそ希求すべきなのか、という二者択一の問題だった。そこに認められるのは「二つのフランス」をめぐるヴィジョンの対立である。しかも「大多数のカトリック」の側には、内部分裂があった。戦闘的なカトリックは強硬な伝統主義者だが、一般のカトリック信者には「現代的なフランス」に共感を寄せる者が少なくない。その一方では、予想されるように、プロテスタントとユダヤ教がおのずと合流した先は「現代的なフランス」だった。彼らの政治的な選択は共和政であり、民主主義とライシテの法制化が課題とみなされた。

ここで次のことに留意しておこう。第三共和政の成立過程でプロテスタントの存在が目についたのは事実だとしても、これを過剰に評価してはならない。じっさいに統計を見れば、行政の中核にあったプロテスタントの政治家はかぎられている、というのがボベロの指摘である。

したがってプロテスタントの「陰謀」がフランスの国政を牛耳《ぎゅうじ》ったという怨嗟《えんさ》の声は、客観性を欠いている。しかし理不尽だからこそ、かえって注目に値するという考え方もあるだろう。ほんの一例を挙げておくなら、ドレフュス事件のとき、反ドレフュス派の保守陣営は、「反国民的なドレフュス派」である知識人たちは「ユダヤ・プロテスタント系の悪しき教育」の産物だと声高に批判したのだった。

フリーメイソンは宗教か

カトリックの家系に生まれたジュール・フェリーは、キリスト教の信仰という問題に深くかかわることがないままに、結婚がもたらした絆により、プロテスタントで共和派の集団に属することになる。そこには先進的な市民社会の「ソシアビリテ」(社会的な人間関係)があり、政治家としてのフェリーは、そのネットワークを十全に活かしたのである。

ところでプロテスタント以上に「陰謀」という非難を招きそうな集団があるとしたら、それはフリーメイソンだろう。これはジュール・フェリーにとって父方から受けついだ「イデオロギー的遺産」である。なにしろ祖父と伯父と父が会員だったのだから、本人にとっては抵抗のない選択だったものと思われる。あの名高いフランス語辞書の編纂者エミール・リトレと同時に、ジュール・フェリーがロッジ（会所）の一員となったのは、一八七五年のこと。私的には結婚の年であり、国家レヴェルでは第三共和政憲法が成立した年である。

一八世紀の啓蒙思想にも隠然たる影響をおよぼしたとされるフリーメイソンに一般論として言及することはわたしの能力をはるかにこえるが、ジュール・フェリー個人が、何を思い描き、何を期待したのかは、会員をまえにした彼のスピーチを読めばおのずと推測できる。

実証主義がメイソンのなかに入ってきたとすれば、それはすでにメイソンが、そうと自覚せぬままに長らく実証主義であったからにほかなりません（ブラヴォーの声）。誕生のとき以来あなた方は「寛容と慈愛」という二つの言葉を旗幟《きし》に掲げてきたではありませんか。寛容がメイソンの創りだしたものだというのではない。慈愛はメイソンに先立って存在した。しかしここで注目されるのは、これら二つの語彙をあなた方が不可分のものとして結びつけたという事実であり、この結びつきは、それだけで一つの企画、一つの定義となっているのです。それというのも寛容に結びつけられた慈愛とは何を意味するのでしょうか？　それはつぎのことを意味します――友愛はあらゆる教義、あらゆる形而上学的概念にまさるのであり、あらゆる宗教にまさるだけでなく、あらゆる哲学にまさるのだということを。また次のことも意味します――ソシアビリテとは友愛の学問的名称にすぎないのですが、そのソシアビリテは自らの力で充足する力をもつということを。さらに次のことも意味します――社会道徳はその保証と根拠を人間の良心のなかにもつということを。道徳は自立して生きることができる、神学という松葉杖を投げ捨て、世界の征服にむけて自由に歩みはじめることが、ついにできるようになったのです（くり返しブラヴォーの声）。

つづく部分でジュール・フェリーは、メイソンは「社会的でライックな道徳」の涵養《かんよう》に貢献したこと、みずから実践しつつ「連帯《ソリダリテ》」の育成につとめたことなどを称えている。

わが国でフリーメイソンは、その密儀的な外観ゆえにオカルト集団とみなされがちであるけれど、歴史学の立場から研究にとり組んでおられる深沢克己氏によれば、実態として

カトリック教会は、反メイソン宣伝に風刺画をもちいた。表向きは「人権・自由・平等・友愛・正義・啓蒙」、裏を返せば「ユダヤとメイソンの特権・専制・迫害・追放・不公正・メイソンとユダヤの教権主義」。そもそもユダヤ人を解放したフランス革命がメイソンの陰謀だったという暗示である

はすでに一八世紀において、国境をこえる「普遍的友愛の世界共和国」をめざす運動であったという（「移動する人々とフリーメイソン世界共和国」）。メイソンは、もともと統一された教義の浸透をめざす宗教団体ではなく、深沢氏の言葉を借りるなら、むしろ「知的社交組織」の性格がつよかった。一八世紀の旅人はメイソンの会員であれば国外にあっても、そのネットワークの恩恵にあずかった。それは「言語や宗教や国籍の差別なく訪問者を温かく受けいれる友愛団」を形成していたというのである。モーツァルト、ゲーテから新旧両大陸の大物政治家まで、じつは加入していたといわれる著名人のリストはおどろくほどに長い。

ともあれジュール・フェリーは、メイソンの会所を借りて「実証主義」「友愛」「連帯」など、みずからの信条を臆面もなく披瀝《ひれき》しているように見える。しかも引用にあるごとく、

ブラヴォーを惜しまぬ聴衆にとってスピーチの内容は意外なものではなかったらしい。見方によっては拍子抜けするほど健全な活動にもかかわらず、カトリック教会のような制度化された一神教の立場からすると、フリーメイソンは得体の知れない「陰謀」の巣窟《そうくつ》なのだった。宗教団体とイギリス風のクラブと知的社交組織の性格をないまぜにしたようなフリーメイソンが、大きな力をもちえた時代として、第三共和政は出発した。そのこと自体が、考察すべき主題となるだろう。

宗教団体と政治活動

ジュール・フェリーを語ろうとするならば、わたしはまったくの素人であるけれど、やはり政体としての第三共和政を問題にしないわけにはゆかない。ここで、あらためてルネ・レモンを参照することになるのだが、まずは前項の脈絡をうけてフリーメイソンに関する歴史家の見解を紹介しておこう。

第三共和政はフランスのフリーメイソンにとって黄金時代だったとルネ・レモンは指摘する。たとえば一八八九年から一九一三年までのあいだに——政教分離政策が教会や教育の現場を嵐に巻き込んだ時代である——大臣の職にあった者のうち、およそ六〇パーセントがフリーメイソンにかかわったという。目を疑うような数字ではないか。当時、フランスのメイソンは政治参加をいとわない方針だったから、その影響が政策決定の現場にまでおよんでいたことはまちがいない。さらにルネ・レモンの示唆するところによれば、保守派にとってのカトリックが革新派にとってのフリーメイソンに当たるというのである。なるほど宗教団体がある種のアイデンティティ形成の役割を担うという可能性は想像できる。

すでに使った「保守派と革新派」という語彙は、フランス語では「右と左」、ご存じのように「右派と左派」「右翼と左翼」という訳語もある。第三共和政の議会において、左派では「急進党」「社会党」「共産党」が三本柱となるのだが、右派を形成する明確な政党は長らく形成されないという不思議な現象があった。その理由はなにか。

保守派の人びとは富裕層であれば先祖代々個人の資格で政治参加をしてきたし、一方、農民や商人など庶民階級の保守派は自分のささやかな利権に執着する人びとだから、集団として政治要求をかかげることもない。これに対して革新派の人びとは、労働運動が醸《じょう》成《せい》する「連帯」という価値をみずから選びとった人びとであり、おのずと党派を形成することになる。

別の解釈もある。何代もつづく名家であれば、故郷の町や村の全体が自分の選挙民であり、保守派はもともと影響力をおよぼすネットワークをもっていた。しかし革新派の無名の新人たちには、それが欠けており、自分たちで党派的な組織を産みだす必要があった。

第三の解釈はカトリック教会の存在である。そもそも教会といかに折り合いをつけるかという問題は、共和政最大の課題だった。その教会は一丸となって保守派と手を組んでおり、全国津々浦々の司祭、コングレガシオンのかかわる病院や学校などを勢力下におさめていた。こうした社会的な構造体こそ革新派に欠落したものだった。そうしたわけで、保守派にとってのカトリックに相当するものを、革新派の人びとはフリーメイソンに期待したものと思われる。

以上はルネ・レモンの二ページ分の議論を要約したものだが、左翼陣営にとってフリーメイソンが政治的機能をもちえた理由は十分に説明されているのではないだろうか。

いずれにせよ、カトリック教会と保守派の融合した陣営にとっては、プロテスタントもアルザスもフリーメイソンも、ひとしく「陰謀」の巣窟とみなしうるものだった。ここで「陰謀」という不穏当な語彙を、左翼陣営の視点に立って言い換えるとしたら、どうなるか。それは一般市民による政治活動への組織化された参加にほかなるまい。いうまでもなく、これこそが共和政成立の根拠である。

ジュール・フェリーは、一八四八年の二月革命ののち、無名の新人として共和派に身を投じた。出自、宗教的な環境、そして結婚生活にいたるまで、彼は反保守派の総帥としての条件を申し分なく身にそなえた人物だった。だからこそ市民社会と議会政治を連携する運動を体現することができた。

彼は二度、内閣首班になったが大統領の経験はない。一八八〇年九月二三日から一八八一年一一月一〇日、一八八三年二月二一日から一八八五年三月三〇日。合計三年半にもみたぬ任期だが、第三共和政の奇妙な特徴は政権がめまぐるしく替わったことであり、約七〇年間に一〇〇ほどの内閣があったというのだから、相対的に見劣りする数字ではない。

しかしジュール・フェリーがとりたてて長く権力の頂点にいたわけでもないのに、第三共和政の基礎を築いたといわれるのはなぜなのか、という疑問はのこる。いずれにせよ、ナポレオンが第一帝政を一身に担ったのと同じ意味合いにおいてではないだろう。おそらくは、これから見るように、きわめて具体的な政策決定とその背後にある思想というレヴェルで、ジュール・フェリーの名が歴史に刻まれているのである。

「ライシテ」とは法律の問題である

『フランス法辞典』で laïcité の項目を引いてみると「政教分離、国家の非宗教性。国家の統治・行政権限のすべてが、宗教団体によって関与されず、また宗教問題に関与することもなく、世俗的機関により行使される原則」との定義がある。具体的な法制度としては、「一八八二年三月二八日法及び一八八六年一〇月三〇日法は非宗教的な公教育制度を設営し、ついで一九〇五年一二月九日法によって政教条約（コンコルダート）は一方的に破棄され、国家がいかなる教派についても承認、俸給、助成金を与えない旨が定められた」と解説されている。

一九〇五年法は次章で検討することとして、まずは一八八二年法を読んでみよう。ちなみにフランスの法律の主要なもの、とりわけ今日的な意味をもつ第三共和政初期の法律（本書で取りあげている法律）は、ほとんど例外なくウェブで検索することができる。

第一条は、初等教育の内容を定めたものであり、やや簡略に紹介すると、筆頭は「道徳と公民教育」つぎに「読み書き」「フランス文学」「地理、フランスを中心に」「歴史、フランスを中心に現代まで」「法と経済に関する身近な知識」「自然科学、物理、数学、その農業や衛生などへの応用、等」「美術、音楽の基礎」「体育」そして男子には「軍事教練」女子は「裁縫」という具合である。

欧米モデルに学んできた日本人にとっては、ごく自然な科目構成のように見えるかもしれないが、その自然さを突き放してみることが、わたしたちの課題なのである。まず「道徳と公民教育」instruction morale et civique という科目が筆頭に掲げられていることに注目しよう。なによりも、教理問答のような宗教教育を学校内で行うことが、たとえ課外の活動であっても禁じられたことは画期的、いや前代未聞だった。宗教が社会の安寧に

共和国の初等教育において「道徳」はもっとも重要な科目とみなされた。目上の人に対する「礼儀」、身を挺して他人を助ける「献身」などの徳目が教室で教えられた

「書き方」の時間にペンの握り方を練習する子どもたち。標準語を話すこと、フランス語のつづりを正しく書けることは、善き国民の条件である

神父が野原で子どもたちに教理問答を教えている一見のどかな風景の背後には、熾烈《しれつ》な政治闘争が隠されている。1882年法により公教育の空間から宗教教育が排除されたのである

不可欠であるという伝統的な発想が放棄されたのである。そこで宗教の代用となるものが「道徳と公民教育」だった。いずれ確認するように、ジュール・フェリーは、この教科の思想と内容を定義するところまでを、みずからの責務と考えていた。

　第二条には、日曜以外に休日を設け、希望する者が学校の外で宗教教育を受ける機会を設けることが定められている。慣例として木曜日に設けられたこの休日は、むろん教会との妥協策でもあるだろうが、その木曜日を宗教教育にささげるか否かは、親の自由選択にまかせられた。強制力をもたないという点も重要なのである。

　第三条は、学校教育を宗務省の監督下においた一八五〇年の「ファルー法」の一部廃止を確認したもの。教師たちは、ようやく地元の司祭の監視や口出しから解放された。

　第四条は、初等教育の義務化を謳っている。ただし、公立学校、私立学校、もしくは家庭で子どもに教育を受けさせることが、親に義務づけられたのであって、今日的な意味での義務教育ではない。聾唖《ろうあ》者、盲目の子どもへの教育については、別に定めるとの文言もある。

「ライシテ」にかかわる立法の及ぶところは、学校教育だけではない。一八一四年以来、日曜日には「通常の労働」を行うことが禁じられていたが、宗教的な「安息日」という発想を放棄するという意味で、これが廃止された。結婚については、一七九二年に「民事婚」が法律で定められたとき、同時に離婚の可能性が認められていた。ところが一八一六年以来、結婚は法的に解消できないとされており、一八八四年に、離婚があらためて認められた。同年、墓地の埋葬における差別が禁じられた。いくたびか話題にしたことだが、カトリックの秘蹟を受けずに死んだ者、プロテスタント、自殺者などが、はじめて死者としての尊厳を法的に保障されたのである。

一八八五年には、国立大学の神学部が廃止された。ローマ教皇庁からすれば、司祭の養成を大学で行う必要はなかったし、ガリカニスム（フランス教会の自立）の方向性が露《あら》わな研究を後押しするつもりもなかった。中世以来の伝統をもつソルボンヌ大学の神学部は、こうして「宗教学」を専攻する組織に改編された。宗教にかかわる諸現象を科学的に考察するという目標と、神学部の伝統のあいだには、決定的な断絶がある。象徴的な改革は、国民議会の会期が始まるときに、全国の教会や聖堂で祈禱が捧げられるという伝統が廃止されたこと。神に見守られて政治を行うという発想の否定である。次元はちがうけれど、以前にわたしが勤めていたミッション系の大学では、教授会のたびに議事が「神の御旨に添うように」、全員で祈る習慣があった。

学校教育改革の二番目のステップは一八八六年の「ゴブレ法」と呼ばれる法律だが、ここでは初等教育にたずさわる教員を非聖職者に置きかえてゆくことが眼目となった。男子の公立小学校では五年以内に目標を達成することとされたが、女子の公立小学校では聖職者の新規採用を控えるというあいまいな方針がとられた。師範学校も整備されていないのが実情で、非宗教系の教員数が絶対的に不足していることは目に見えていたからである。

それに「ゴブレ法」は、公立とならんで「個人もしくはアソシアアシオン」の運営する私立の教育施設を認めている。女子教育に関しては修道会系の施設に依存しつつ、これを教育省の管轄下におこうとするのが狙いであったことが読みとれる。ちなみに原文にならって「アソシアシオン」という語を使ったが、この語については、第4章で詳しく検討する。とりあえず同業組合、労働組合、文化団体、あるいはわが国のNPOのような非営利社団などを想定した語彙と理解していただけばよいが、ここでは事実上コングレガシオン（修道会）を指す。

このあたりの経緯は、すでに紹介した谷川稔氏『十字架と三色旗』にめりはりの利いた記述がある。この時期、修道会系の小学校は公立から私立へと衣替えすることで生き延びるケースが多かった。そうしたわけで統計上は、女子教育の非宗教化もめざましく進展しているが、にわかづくりの公立小学校は「良家の子女」の通うところではなかった。社会的な価値づけが、数字にあらわれぬ暗黙の了解として状況に働きかけていることは少なくない。こうした話題について、小説は申し分のない資料を提供してくれる。たとえばコレットは、あらゆる意味でライック laïque な女性としてわたしが注目している小説家なのだが、その出世作『学校のクロディーヌ』を読むと、当時の女子初等教育の実態が手に取るようにわかる。

女性参政権のない共和国

女性の参政権がフランスで認められたのは、第二次世界大戦の終結を目前にした一九四四年、つまり日本と同じころである。先陣を切ったニュージーランドが一八九三年。そして一九一七年のソ連、一九一八年のカナダとドイツ、一九二〇年のアメリカ合衆国、一九二八年のイギリス……とならべてみると、この顕著な遅れの理由を問いたいと誰しもが思うだろう。フランスは革命により国民主権を謳い、一八四八年の二月革命により男子の普通選挙を実現するという二点においては、世界の先駆けであったのだから、なおさらである。文明を自称する国々のなかで、男子についてはトップ、女子についてはビリというギャップをいかに説明するか。

この章の冒頭の論点をふりかえり、そもそも議会共和政は、ジュール・フェリーの時代に確立したものだという事実を、もう一度、確認しておこう。それまでは第三共和政と名乗ってはいたものの、政体の将来図そのものが不透明だった。また短命な第二共和政をふりかえってみれば、二月革命直後の臨時政府の決断により男子普通選挙による国民議会が招集されたが――記念すべき「普通選挙」が実施されるまでの政治活動は、フロベールの『感情教育』に現場の風景として活写されている――議会が立法権を十全に発揮するにはいたらぬままに、ルイ・ナポレオンのクーデタがおきた。フランス革命の混乱期においても、ジャコバン独裁にせよ、白色テロルにせよ、議会政治のルールに反した権力が政治を主導したことは、あらためて指摘するまでもない。

そこで一九四四年に実現された女性参政権に話はもどるが、これは、ドイツ占領下のヴィシー政権に対抗して連合軍に合流しフランス国外を転々としていたド・ゴール将軍が、地中海の対岸アルジェで臨時政府の名において「政令」として発布したものである。「政令」あるいは「デクレ」décret は、非常時など特別な事情のもとで、大統領や政府当局が議会から委任を受けたものとして公布する。国会の審議を経ないが法律と同一の効力をもっている。

第二共和政の男子普通選挙実施も、やはり臨時政府の「デクレ」によったが、考えてみると、このときの臨時政府は、植民地における奴隷制の廃止という大事業を、やはり「デクレ」でなしとげている。一八七〇年にはアルジェリア在住のユダヤ人にフランスの市民権を与えるという決断が、やはり「デクレ」（いわゆる「クレミュー法」）によって実行にうつされた。

ド・ゴールは戦時下のレジスタンス活動などについて、女性の貢献を評価したといわれるが、かりにこの法案が議会立法として検討されたとしたらどうだろう。男性しかいない国会で、はたしてすんなり可決されたかどうか、とルネ・レモンは疑問を呈している。庶民階級、黒人奴隷、植民地のユダヤ人、そして女性の解放が、建て前は国民の意思を代表する議会ではなく、行政に携わる少数者の英断によって実現されてきたことに注意を喚起しておこう。議会の民主的な手続きが、ともすれば現状維持を望む保守的な主張に荷担してしまうことは、わたしたちも経験上知っている。

さて、女性参政権に関するルネ・レモンの考察をつづけて読んでゆこう。一八四八年はいうまでもなく、第三共和政憲法の成立した一八七五年においても、問題は女性参政権の排除といった発想で定式化されてはいなかった、と歴史家はいう。そもそも公的な活動は男性のものであり、女性は私的な空間にとどまるべきだという考えは、異論の余地のない、普遍的な了解だった。したがって女性の本来的な権利が不当に侵害されているという問題提起はなかったというのである。

大革命の時期はいうまでもなく、過去において女性の政治参加がなかったわけではない。二月革命における女性たちのクラブや権利要求運動は、フロベールが『感情教育』で辛辣《しんらつ》に描きだしている。それに一八七一年のパリ・コミューンにおける「ペトロルーズ」(直訳すれば「女性放火人」)の過激な活動は、人びとの記憶に新しかったはずだ。

当然ながら、保守陣営が女性の政治参加に賛成することはありえなかった。しかし、社会改革に熱心なはずの左派の運動家たちが、女性参政権に消極的だったのは、まったく別の理由からである。くり返し述べてきたように、女性は圧倒的にカトリック教会の支配下にあった。したがって女性票が右派に流れるであろうことは目に見えていた。

これが杞憂《きゆう》でなかったと思われる根拠をルネ・レモンが挙げているのだが、一九四五年、初めての普通選挙で、右派の人民共和派(MRP)の進出を招いたのは女性票の動向だったという。さらに、その三〇年後、一九七四年の大統領選に関しては、かりに男性票だけを数えたとすれば、ミッテランはジスカール・デスタンに勝ち、七年早く大統領になっていたはずだというのである。

そうしたわけで、第三共和政の国民議会は黒ずくめだった。なおのこと興味深い光景があるので紹介しておこう。一九三六年、レオン・ブルムの内閣に三人の女性が国務次官として就任した。キュリー夫妻の娘、哲学者レオン・ブランシュヴィックの妻、そして教員の三名は、もちろん本人の学識と経験によって指名されたのだが、閣僚席から議員にむけて答弁する彼女たちは、じつは憲法によって政治参加の権利を保障されていない者、選挙権をもたぬ者たちだった。

あえて情緒的な用語を使わせていただくが、フランスの第三共和政は、きわめてマッチョ的な植民地帝国でもあった。かりに女性が参政権をもっていたとしたら、暴力的な植民地主義に反対しただろうなどとロマン派的なことをいうつもりは毛頭ない。それに、何度も確認したように、大まかな勢力図でいえば、女性はカトリックと保守派の橋頭堡であり、これに対して植民地拡大は、むしろ共和派の推進した政策である。二重三重に現場から遠ざけられていた女性たちの政治意識を、仮説のもとに空想してみても意味がない。

わたしは状況を以下のように描いておきたいと考える。第二帝政につづく第三共和政のフランスは、社会構造そのものが、きわめて家父長的かつ男性中心的なものだった。すなわち政治に参加し、産業、文化を発展させる男たち、これを家庭でささえる女性たちという紋切り型の図式によって、一般市民の生活は強力に縛られていた。植民地帝国についていえば、植民地建設に祖国の発展を賭ける男たちが安らぎを求める場として家庭があり、そこに女性がいるのだった。ひと言いいそえておきたいのだが、高度成長期の日本にも、これに相通じる男性のメンタリティがあった。

父権的なものの巨大化というテーマは、ゾラの後期の作品やプルーストの『失われた時を求めて』や、あるいはピエール・ロティの植民地を舞台とした小説のなかで具体的に追うことができる。一方、コレットの場合、人生の紆余曲折のなかで、第三共和政的な父親幻想からみるみる解放されてゆくさまが確認できる。本人は女性参政権などはとんでもないと発言していたが、自分自身の解放については爽快なまでに貪欲におのれの意志をつらぬいた女性なのだ。

「小学校教師への書簡」

以上のことがらを前提として、ジュール・フェリーの思想を読みとくことにしよう。議会民主制の確立した第三共和政の初期は、政治演説の技が最高にみがかれた時代だったといわれている。映像メディアが票の動向を左右する現代とくらべてみると、相対的に言語のもつ価値が高く、政治家が議論の枠組みとする語彙は、はるかに厳密だったことがわかる。ジュール・フェリーもその一例だが、ジャーナリズムと弁護士の職が政治家への近道であったことも、言葉の運用能力を育てる動機になっただろう。

一八八三年一一月一七日、ジュール・フェリーは公教育大臣を兼務する内閣首班の名において、初等教育に携わる教員に向けた通達を発表した。一般に「小学校教師への書簡」と呼びならわされているもので、「ライシテ」の歴史にかかわる基本的な資料として、おそらく最もよく知られた文書である（これもウェブ上の複数のサイトで全文を読むことができる）。その意図は、一八八二年三月二八日法が施行されて二年目の学期がスタートしたことにちなみ、教育者たちに公の指針を与えようというものであり、通達のタイトルにも「道徳と公民教育」に関するものであることが明記されている。

一八八二年三月二八日法は二つの措置によって特徴づけられるが、それらは相互に矛盾せず、むしろ補完しあうものである。この法律は一方で、義務的な教科内容から、特定の教義はいかなるものであろうと排除することとした。他方では、道徳と公民教育を最上位のものと位置づけた。宗教教育は家庭と教会に、道徳教育は学校に帰属するものである。

したがってこの法律の立案者は、たんに否定的な効果だけを意図したのではない。

たしかに第一の目標は、学校と教会を分離すること、教師と生徒の信教の自由を保障すること、そしてあまりにも長きにわたって混同されてきた二つの領域、すなわち個人的で自由で多様であるべき信仰の領域と、あらゆる人に共通かつ不可欠であるべき知識の領域とを、截然《せつぜん》と分かつことにあった。しかし一八八二年三月二八日法には他のことがらも含まれている。わが国に国民教育を打ち立てること、またその国民教育を義務と権利の概念のうえに打ち立てることへの決意を、この法律は表明する。ここで言う義務と権利の概念とは、何人《なんぴと》もそれを知らずにいることは許されぬ基礎的な真理のなかに、立案者が躊躇《ちゅうちょ》なく数えることができるものである。

こんなふうに高らかに理想を謳ったあと、ジュール・フェリーは八万人の男女の教師にむかって直接に語りかけ、授業担当者へのガイダンスを行うことになる。

あなた方は一家の父の補佐役であり、ある意味ではこれを代行する者である。それゆえ、その父の子どもに対しては、あなた方が自分の子どもに対して人が語りかけてほしいと思うようなやり方で語りかけたまえ。それが反論の余地のない真理、共通の道徳の掟であるならば、かならず力強く権威をもって、あなた方の判断が及ぶところ

「立派な学校をもつ国民は最良の国民である」と書かれた黒板のまえで集合する先生と生徒たち。一家の父を代行する小学校教師という寓意が読みとれよう

ではない宗教感情に触れる可能性があることがらについては、大いなる慎重さをもって、語りかけたまえ。

格調高い文章ではあるが、「道徳と公民教育」という教科の内容がこれで明確になったといえるだろうか。ジュール・フェリーがつづいて提案する「実践的な原則」とは、どのようなものか。

何らかの道徳規準を生徒に提案しようと思うとき、あなた方の知っている人たちのなかに、あなた方が語ろうとしていることを不快に思うかもしれない立派な人物がたとえ一人でもいるようなら、またあなた方のクラスに顔を出す父親たちのなかで、あなた方の話を聞いて承伏しない者がたとえ一人でもいるようなら、それがただの一人であっても、その話はやめるように。そうでないならば、大胆に語りかけるがよい。それはあなた方個人の知恵ではなく人類の知恵、すなわち何世紀にもわたる文明が人類の遺産のなかに注ぎこんだ普遍的なレヴェルの思考であるからだ。

こんな具合に、翻訳すれば原稿用紙にして二〇枚から三〇枚に及ぶ議論がくりひろげられ、文書の末尾には、すでに発行された教材のリストがついている。

確認しておきたいのは次のことだ。「一家の父」の判断であったり、「人類の知恵」と呼ばれたりはするが、要するに顕揚される「道徳」の内容は限りなくあいまいなままにとどまっている。他のところでも「良識」bon sens や「真心」cœur といった抽象的な語彙が何度かあらわれ、「立派な人物」と訳した honnête homme は、もともと一七世紀の貴族社会が理想とした教養ある文化人を指す言葉である。

ここでもルネ・レモンの指摘が参考になるだろう。第三共和政は、新しい教育プログラムを提案した。少なくとも同時代の人間はそう感じていた。しかし、現代からふり返ってみると、解説された「道徳と公民教育」の内容は、ヨーロッパ文明のなかでつちかわれた「伝統的な道徳」を全面的に踏襲したもののように思われる。

ただし、教会が神という超越的な存在なくして道徳は成り立たないと主張する一方で、政教分離派は、いかなる神にも言及しない道徳が存在しうると宣言したのであり、その事実には歴史的な意味がある。二つの道徳は、内実において「姉妹」のようなものであるけれど、にもかかわらず、両者は深い亀裂で隔てられている。この亀裂こそが重大なのだ、と歴史家は念を押す。

おそらくは、まさにこの点が、わたしたち日本人には理解しにくいのではないか。欧米を範として構造化されたわが国の初等教育機関において、じっさいに「道徳」と呼ばれる枠組みは、キリスト教道徳から宗教的な看板をはずした「姉妹編」を受容しているはずなのだが、そうした歴史的背景は意識されることさえないように思われる。

さて、以上に検討したように「小学校教師への書簡」の提言は、最終的には良識という地平に収斂《しゅうれん》する。ある意味でそれは失望を覚えさせるものかもしれないが、じっさいにジュール・フェリーが、アクロバティックな議論を展開していることは念頭におくべきだろう。いかなる思想にも、いかなる信仰にもコミットせず、しかも普遍的な道徳を語ることができると教師を説得することが課題なのである。

ジュール・フェリー自身は、身近にあったカトリック信仰には批判的であり、オーギュスト・コントの実証主義に深い影響を受け、プロテスタントの集団に帰属することを選び、フリーメイソンに加入した。それぞれの宗教や思想について批判や共感を述べることは、彼にとってはるかに容易だったはずだ。

要するに「小学校教師への書簡」は、神に拠《よ》らずとも「道徳と公民教育」を実践しうると宣言したこと自体に意味がある。「公民教育」が称揚する徳目とその背景をなす共和主義の理想は、政府の「通達」以外のところで探さなければならない。

「自由・平等・友愛」という標語

現在フランス外務省の公式サイトに掲げられている説明は、おそらくフランス国民にとっての常識というレヴェルの記述だろう。いわば政府お墨付きの知識を確認するためにもちょうどよいと思われるので、訳出してみよう。

啓蒙の世紀の遺産である「自由・平等・友愛」という標語は、フランス革命期のときに初めて人びとの唱えるところとなった。その後しばしば再検討を迫られたが、第三共和政において定着した。一九五八年憲法にはこの言葉が掲げられており、今日ではわが国の国民的な遺産の一部をなしている。〔……〕

革命期において「自由・平等・友愛」は、数多くの標語のひとつだった。一七九〇

1793年の共和暦には「共和国の統一と不可分性、自由・平等・友愛、さもなくば死を」という国民公会の標語が掲げられている

年一二月、国民衛兵が創設されたとき、ロベスピエールは「フランス人民」と「自由・平等・友愛」という言葉を軍服と旗に記すことを提案したが受けいれられなかった。

一七九三年、パリの住民が家の正面に「共和国の統一と不可分性——自由、平等、さもなくば死を!」という言葉を書き、他の都市もつぎつぎにこれにならった。しかしただちにモットーの最後の部分を消去するようにと指示された。恐怖政治を連想させたためである。

革命期のシンボルの多くがそうであったように、この標語も帝政期には過去のものとみなされた。一八四八年の革命では、この標語が復活し、あらたに宗教的な次元が加わった。聖職者たちは「友愛の人キリスト」を称《たた》え、植樹された「自由の木」を祝福した。一八四八年憲法においては、「自由・平等・友愛」の標語は共和国の「原理」と定義されている。

第二帝政期にはそれは見向きもされなかったが、第三共和政において、ようやく定着したのである。ただし共和主義の支持者もふくみ、一部に抵抗がなかったわけではない。社会的な平準化を意味する「平等」より「連帯」が好ましいとされることもあった。また「友愛」の宗教的な響きゆえに、全員の賛同が得られなかったのだ。

一八八〇年七月一四日の革命記念日に際して、この標語は公共建造物の正面にふたたび掲げられることになった。

というわけで、フランスを訪れたことのある人は、「自由・平等・友愛」liberté, égalité, fraternitéという標語が市庁舎や小中学校などの建物の壁に刻まれているのを目にしたことがあるにちがいない。一八八〇年という時期からもおわかりのように、これもジュール・フェリーの実績である。

革命の理念としての「自由・平等・友愛」については、フランソワ・フュレ、モナ・オズーフ編『フランス革命事典』が邦訳されており、その六巻「思想II」には、モナ・オズーフによる「平等」と「友愛」の項があるから、そこから思想的な起源を読みとることができる。

ただし第三共和政に至るまで、一世紀の紆余曲折を歴史的考察と呼べる次元で理解したかったら、ピエール・ノラの『記憶の場』におさめられたモナ・オズーフの論文「自由・平等・友愛」を精読すべきだろう。日本語版には収録されていない論考を紹介しながら、知られてはいるが理解されているとはいいがたい三つの用語について考えてゆくことにしよう。

革命の時点において、三つの語彙と順番は流動的だった。もともとこの標語は個人の発明ではなく、革命のさなかに集団のなかで誕生したものだ。しかも同種の先例は、たとえばフリーメイソンのような思想集団の伝統のなかに豊富にあって、「友情」「慈愛」「誠実」「団結」といった語彙と共存していたにすぎない。革命の初期には「国民・法・国王」「自由・安全・所有」といった保守的な標語もあり、急進的なジャコバン派の標語として問題の三つの語彙が頻繁に使われるようになる。ただし当初は「自由」と「平等」という二点セットが優先したという。どのような集団や個人が、どの場面でいかなる語彙を掲げたかという問題は、じつに興味深いのだが、モナ・オズーフの論述を逐一紹介するいとまはない。そこでなにゆえ第三項の「友愛」に抵抗があったのかという点に話題をしぼってみよう。話を先取りすれば、第三共和政においては、この「友愛」の理念こそが、新しい時代への布石とみなされることになったからである。

モナ・オズーフが注で述べていることだが、「友愛」という語彙への距離感を説明する三つの仮説があるという。一つはブルジョワ革命をめざす勢力が「自由・平等・所有」に執着したからだという解釈。二つめは、「友愛」がキリスト教に根ざした思想であるために、革命の理念と相容れないとみなされたという解釈だが、日本人の場合、聖書の語彙に馴染んだ者でないとあまり実感がわかない。ちなみに「友愛」あるいは「博愛」という訳語をあてられるfraternitéは、もともと「兄弟であること」を意味していた。

ラ・ファイエットが定めた国民衛兵の旗。「自由・公の秩序」はブルジョワジーの期待に応えた標語

一八四八年の二月革命では、共和国と宗教が一時的に和解したことは、第2章「『教育の自由』について」の項で指摘した。上掲の外務省のサイトにも、聖職者たちは「友愛の人キリスト」を称えたと記されており、これはキリスト教文化圏においては自明のイメージで

あるらしい。そこで『聖書思想事典』で「兄弟」の項を引いてみると、キリスト教は起源において「人類はみな兄弟になる」という夢を心に植えつける宗教であり、長い試練ののちに、その夢がイエスによって実現されるという解説がある。キリストは十字架上に死ぬことによって「多くの兄弟たちの長子」となったというのである。生前のキリストが兄弟的共同体の礎《いしずえ》を築き、またキリストの復活後、使徒たちが信仰者の集団において兄弟愛を実践したという記述もある。聖職者が一般の人に語りかけるときに、「兄弟」という語彙を使うことはご存じの方も多いだろう。本書の例を挙げれば、第1章「ミリエル司教の約束」の項でミリエル司教は徒刑囚ジャン・ヴァルジャンに「兄弟」と呼びかけていた。

さて、宗教的な含意のために敬遠されたという解釈につづいてモナ・オズーフが紹介する第三の仮説は、革命勢力の分裂を拒《ふせ》ごうとする者たちが、最も過激で暴力的な場面において、この語彙を掲げたためという説明だ。つまり「友愛」の名において多くの血が流されたために、「自由」「平等」に匹敵する語彙としての輝きが失われたというのである。

一方で「自由」と「平等」は双子の姉妹のように思われがちではあるが、じつは「自由」が膨張すれば「平等」が犠牲になる。アメリカのネオリベラリズムのような怪物的な例を持ち出さなくとも、常識の範囲でもわかるだろう。

「自由」と「平等」が対《つい》になったところに、「友愛」がやや次元の異なる価値を併記するというモナ・オズーフの指摘は納得できる。「自由・平等」が権利であるのに対し「友愛」は責務を指し、前者が人間の状態であるのに対し、後者は絆を意味し、前者が契約を前提とするのに対し、後者は調和を志向する。前者は個人の問題であるが、後者は共同体を指し、前者が知性の追求するところであるのに対し、後者は肉体をもつ人間にかかわってい る、等々。

そこでもう一度「友愛」に話をしぼるが、フランス革命の運動に積極的に参加した聖職者たちは、初期キリスト教の信仰共同体との類似を事あるごとに喚起した。彼らは社会的なものと宗教的なものが背反せず、同一化したという自覚に突き動かされていた。革命期の言語教育の構想などに多くの功績をのこしたグレゴワール神父は「宗教は友愛と、平等と、自由をわれわれにもたらす」という言葉を残している。「友愛・平等・自由」という語彙の並ぶ順番には、それなりの根拠があるのだろう。

「友愛」から「連帯」へ

その後の数十年の経緯を急ぎ足でたどっておこう。ナポレオン・ボナパルトは「自由・公の秩序」を標語とし、ルイ＝フィリップの七月王政は「秩序と自由」をえらぶ。その間にもフーリエ、サン＝シモンといった先駆的な社会主義の思想家やミシュレのような歴史家、あるいはシャトーブリアンのような作家たちが、それぞれに革命の理念をめぐる熱い議論をくり広げている。政権にある者がこの標語を口にしなかったからといって、その概念が「過去のもの」になったとはいえないのであって、外務省の公式サイトと歴史学の視点が異なるのは、こうした点だろう。

由緒ある貴族の家系に生まれたシャトーブリアンはフランス革命の初期にアメリカにわたり、帰国して反革命の運動に参加してイギリスに亡命し、王政復古期には政治家として活躍した。生涯ゆるぎないカトリック信仰を表明しつづけた人物だが、死後に出版された『墓の彼方の回想』の結論の部分で以下のように述べている――「キリスト教は神と被造物についての最も哲学的で合理的な判断を行っている。それは世界にかかわる三つの大きな法を含む。神の法、道徳の法、政治の法である。神の法とは三位格による神の唯一性を指し、道徳の法とは慈愛を指し、政治の法とはすなわち自由・平等・友愛である」。さらに一ページほど先で、「解放者の宗教がその終着点に達したということはまったくない。それはようやく第三期に入ったところなのだ。自由・平等・友愛の政治的な第三期に」。

そうしたわけで、「自由・平等・友愛」が革命の標語であるがゆえに宗教と対立するという安易な図式は全面的に放棄しよう。すでに何度か述べたように、一八四八年の二月革命のとき、共和国とキリスト教は幸福な和解の場面を演じることになる。「自由の木」の植樹祭にさいしてパリのヴォージュ広場でヴィクトル・ユゴーの行った演説は紹介する価値がある。ちなみに括弧内に観衆の反応を記すというルポルタージュ風の文体は、ジャーナリズムの発達とも関係があるのだろう。ジュール・フェリーがフリーメイソンの会所で行った演説もその例だが、ミシュレの講演やユゴーのスピーチは、しばしばこうしたスタイルで記録されている。

初めての自由の木は、一八〇〇年前に、神ご自身によりゴルゴタの丘に植えられたのであります（歓声）。初めての自由の木、それはイエス＝キリストが人類の自由、平等、友愛のために自らを犠牲に捧げたあの十字架なのであります（ブラヴォーの声と長い拍手）。

こうして「自由の木」と「十字架」が並び立ち、「自由・平等・友愛」とは「福音書」のもっとも直截な表現であるといった指摘が随所でなされたのだった。しかし、

1848年3月、「自由の木」の植樹祭で演壇に立つヴィクトル・ユゴー

融和の幸福感が霧散するのに時間はかからない。ブルジョワと労働者の利害の不一致が六月暴動によって露呈する。その五ヵ月後に公布された憲法は、「序文」の第四条に革命の標語を掲げてはいたが、どこか及び腰のように見える——「フランス共和国の原理(principe)は自由・平等・友愛である。その基礎は、家庭・労働・所有・公の秩序である」。危険な匂いのする急進的な思想を、安心感をもたらすブルジョワ的価値のオブラートでくるんだような具合である。

第二共和政が第二帝政へと移行して、ナポレオン三世は「自由・公の秩序」という第一帝政の標語を復活させた。その一方で「自由・平等・友愛」をめぐる議論の熱気はいっそう高まってゆく。

第三共和政の初期については、ふたたびモナ・オズーフの論考を参照しよう。この標語は一七九三年以降の国民公会による恐怖政治、一八四八年の六月暴動、一八七一年のパリ・コミューンという三重の思い出によって過激な思想と暴力とにむすびついていた。ところが第三共和政を安定させるためには、フランスの国民が一七八九年の子孫であることを明確に自覚しなければならない。これがレオン・ガンベッタとジュール・フェリーのなしとげた偉業なのだと歴史家はいう。

ジュール・フェリーは一八七〇年にパリが占領されてからコミューンが崩壊するまでの

時期、パリ市長をつとめていたのだが、コミューンの騒乱の時期は首都をはなれて静観するという立場をとっていた。フリーメイソンという選択からしても、ブルジョワという出自からしても、政治家としての彼の資質は穏健だった。そして自由とは放縦ではない、平等とは共有ではない、友愛とは無差別の融合ではないと人びとを説得し、穏健派の主張を初等教育の現場にまで浸透させたのである。ジュール・フェリーはためらうことなく「自由」を至上の価値とみなしていた。信教の自由、検証することの自由、科学の営みの自由はそれぞれに教会が承伏しないところであるために、なおのこと共和国の公教育にとってかけがえのない原則となるのである。

そうした中で「友愛」に代わるものとして徐々に浮上した新しい言葉、それが「連帯」solidaritéだった。同じように社会の絆を示唆するけれど、感情的な負荷は軽く、なによりキリスト教的なコノテーション（含意）がない。

理論化され、言及され、教育され、暗唱させられる共和国の標語は、やがて「正典《カノン》」としての位置づけを得る。ベル・エポックの教師は何の不安も覚えずに以下のように公言することができた――「共和国の民であるということ、それは断固としてわれらの共和国の標語を顕揚することにある。それは自由こそがあらゆる善の最高のものであり、平等は各自のメリットによってのみ成り立ち、友愛とはすべての試練に打ち勝つ連帯であるとみなすことである」。

共和国の「道徳」と市民の「尊厳」

「連帯」という言葉は、こうして第三共和政を象徴する語彙として定着していった。一八八三年の初等教育の教材には、「友愛」を形容詞に変えて「自由・平等・友愛的連帯」としたものもあり、世紀をこえると「司祭たちの宗教」に対する「連帯の宗教」を唱えるといった用例もあらわれた。しかし「連帯の宗教」という表現については、再度、注意をうながす必要があるだろう。共和国の信奉する価値が絶対的なもの、超越的なものとみなされ、さながら信仰の対象であるかのように宗教的な語彙で語られるという特徴は、じつはフランス革命の当初から政教分離の闘争のさなかまで、変わらずに受けつがれているのである。

見方を変えるとこういうことだ。政教分離に伴う課題は、宗教を弾圧することでもなく、国民の教会離れを促進することでもなく、じつはキリスト教信仰に代わるものを共和国が発明することにあった。フランス国民に提示し、子どもたちに教育しなければならない至上の価値。これが「普遍的な道徳」と呼ばれるものだった。

ジュール・フェリーが傾倒した思想家オーギュスト・コントは、神学に由来する道徳と実証的精神に裏づけられた道徳を併置して、比較検討してみせるのだが、その議論はじつは拍子抜けするほどわかりやすい。宗教に依拠した道徳は、自分という個人の救済しか考えない。しかし実証主義の道徳にとって究極の問題は人類であり、集合的なもの、公的なものに関心が向けられる。そこには責任という概念に発した利他的な配慮がはたらくというのである。「実証主義」と訳すことが慣例になっている「ポジティヴィスム」という言葉が、こうした文脈で使われるのだということも、念頭におくことにしよう。

ここで象徴的な数字を挙げてみよう。今しがたウェブで検索してみたら、「友愛」fraternité のヒット数は三三二万件、「連帯」solidarité は一九〇〇万件におよぶ。たしかに今日では日々のニュースなどで「友愛」という言葉があらわれることは多くはない。これに対して、たとえば移民系の住民が極右の暴力の犠牲になり、その葬儀に一般の人びとが参列したとしよう。知り合いというより一市民として弔意を表するためにやってきた人びとの仕草は「連帯している」という意味の形容詞、solidaire という言葉で飾られる。そして家族など当事者たちの毅然とした態度への賛辞が添えられるのが、いわば定型的な報道スタイルなのだ。

それでは悲劇の当事者たちに捧げる言葉は何かというと、形容詞 digne か名詞 dignité というのが、これもお決まりの語彙であるように思われる。ちなみに dignité は威厳があること、品位、自尊心などを指し、さまざまの訳し方ができるけれど、フランス語のニュアンスを優先するなら「尊厳」とするのが適切だろう。じつはこれらの語彙も、第三共和政という時代の刻印を受けている。むろん言葉として、それまで存在しなかったわけではないのだが、これがいわば市民的な価値とみなされ、世俗的な「道徳」の要《かなめ》として位置づけられることになった。その事実が重要なのである。

以下に訳出するのは、ジャン・ボベロの『フランスにおけるライシテの歴史』の断章である（〔 〕内は訳者の補足）。冒頭に動物と人類を分かつものという話題がおかれていることに奇異な印象をもたれる方があるかもしれない。「聖書」に拠らずして地球の成り立ちや人類の誕生を説明し、人間の本質を定義できるかという問いは、一九世紀の実証主義的な科学にとって——そして第三共和政の学校教育にとって——つねに回答を迫られている大問題だった。

「尊厳」という概念は——当時のさまざまの文献にくらべれば、はるかに——動物一般と人類を弁別するのに有効だった。それは人間という存在が本質的に平等であるという原理に立っている。社会的なルーツが何であろうと、男であろうと女であろうと、さらには道徳にかかわる行動がいかなるものであろうと、各人がそれぞれに人間としての尊厳というものをもっている。社会的なルーツについては、金持に「へつらう」ことはよくないし、「野蛮人」を自分より劣る者とみなすこともよろしくない(「奴隷売買」はたしかに非道なものであるけれど、〔文明化の使命という名目のもとで〕植民地化は引きうけるべき責務となる)。男女の性差については、「人間」homme という語彙の二重で曖昧な使い方のおかげで、両性が原則として平等であることを示唆することができる、と同時に事実上の不平等、とりわけ市民権に関する不平等を隠蔽することもできてしまう。最後に道徳にかかわる行動について。極端な例を挙げれば、酔っぱらいがいたとして、その人は酒浸りになることで道徳的な尊厳は捨ててしまったかもしれないが、あくまでも人間としての尊厳を通して見つめてやるべきだろう。

「道徳」の時間の反アルコール教育。飲酒は肉体と精神を破壊することが図入りの教材で示されており、子どもたちは直立して耳を傾ける。いかにも教育的に仕組まれた場面である

そうしたわけで、この「酔っぱらい」の「人間としての尊厳」はいわば無条件のものなのだが、これに対する「道徳的な尊厳」は、本人の行動しだいということになる。つまり「道徳的な尊厳」は、メリットやデメリットにより増減するのである。「人間としての尊厳」と「道徳的な尊厳」の使い分けは、学校教育向けの議論としては、なかなか巧妙ではないか。善をなすことも悪をなすこともできる人間は、ある意味で「自由」なのだが、そのことには責任が伴っている。たとえば政治の暴力は、無責任な自由の行使に他ならないのである。子どもたちには、自己に対する責任という視点から、正しい道徳的選択を教えてゆけばよい。

こんなふうにして、ライックな公教育の思想が立ちあがってゆく。明文化された「共和国の道徳」は、やはりどこか凡庸で聞き慣れた説教のように感じられる。「小学校教師への書簡」の項で、共和国の推奨する道徳は内実において、伝統的なキリスト教道徳の「姉妹編」であるというルネ・レモンの解釈を紹介した。また、ジュール・フェリーが穏健なブルジョワ階級に支持された政治家であり、その思想は、オーギュスト・コントの提唱する「秩序と進歩」という概念を範にしたものだという指摘もある。おそらくその通りなのだ。

それはそれとして「連帯」や「尊厳」といった非キリスト教的なキーワードが浮上したことは、やはり特筆に値する。それは、共和国の市民とは何かという問いに対する、一つの回答なのであり、第4章で検討する市民的な活動やアソシアシオンの思想的な背景ともなっている。

教育の「男女平等」について

一八七〇年、ジュール・フェリーは、初等教育の関係者を前にして「教育の平等について」と題した講演を行った。第三共和政の成立以前という時点を考慮に入れるなら、これが先駆的な発言であったことはまちがいない。そこでは教育の格差によって社会階級を隔《へだ》てる距離が拡大されるという批判が、力強い言葉で語られた。つづいて男女の教育もまた平等になされるべきだとの主張が展開される。この演説のおかげで、ジュール・フェリーは女性解放の実績を残した政治家として評価されるこ

子どもが学校でよい成績をおさめることが家族全員の課題となる。優等賞のメダルを胸に飾った少年と誇らしげに付きそうお姉さん

とが少なくないのだが、今さら空疎な賛辞をささげることもないだろう。率直なところわたしには、まさに「秩序と進歩」への志向が見え隠れする発言ではないかと思われる。すでに述べたように、当時フランスの社会構造は、女性参政権への議論が起きえないような状況にあった。そこで提案される教育の男女平等が、どのように理論構築されてゆくものか、冷静に読んでみよう。

さて皆さん〔これは messieurs という男性形の呼びかけ〕、快く耳を傾けてくださっていることに気をよくして話が長くなっておりますが、それでもこれでわたしが自分に課した務めが終わったわけではありません。この段階で話をやめるわけにはゆかないのです。なぜなら全ての階級のために教育の平等を要求することは、やるべき仕事の半分でしかない、必要なことがらの半分、必然的にそうあるべきことの半分でしかないからです。この平等を、男女両性のために、わたしは要求します。これを権利として求めます。問題のこの側面について、なるべく簡潔に素描してみましょう。ここでの困難、障害は、必要な出費ではなく、風習のなかにあります。それは何よりも男性の悪しき感情のなかにあるのです。世の中には二種類の傲慢が存在します。階級の傲慢、そして性差の傲慢です。後者は前者よりはるかに悪しきもの、はるかに執拗で、はるかに頑強なものです。このような男性の傲慢、男性の優越感は、少なからぬ人の精神のなかに、それを人前で認めようとはしない多くの人のなかに潜んでいる。もっとも善良な魂のなかにも潜んでいる。われわれの心のいちばん深い襞《ひだ》のなかにしまいこまれている。そうなのです、皆さん〔呼びかけは、もちろんmessieurs〕、白状しようではありませんか。われわれのなかでいちばん善良な者たちの心のなかにも、サルタン〔オリエントの君主は暴君の比喩〕が住んでいる（多くの笑い声）。

文体は堂々たる政治演説であっても、内容はむしろ他愛なく、雑談風のものといえないだろうか。長々と訳したのは、その場の雰囲気を想像していただくためだ。つづいてジュール・フェリーは、「男性の傲慢」はフランス人において特に顕著であると指摘する。あえてどぎつい言葉を使えば、この「雄の傲慢」こそが、教育の平等化における第一の障害となっている、と彼は結んで、聴衆の笑いを誘い、第二の障害に言及するのである。

二つめの障害が存在するのですが、これは第一のものとくらべて重大さは劣るというのではない。そしてこれは皆さん〔ここではmesdamesと女性たちに語りかけ〕、あなた方から来ているのです。それというのも、男たちが自分の知的優越性についてもつ意見を、あなた方は日々助長して、公式に承認してしまっているからです（笑い）。この点に関して、あなた方はたえず賛成投票をしているようなものなのです（拍手と笑い声）。

この演説自体が、いわば道徳の授業となっていることに注意を喚起すべきだろうか。ジュール・フェリーは資質からして教育者なのだ。ともかく笑いと拍手を誘いながら、微妙な話題の舵取りをしているような話しぶりがつづく。

いやじつは、皆さん〔mesdames〕、わたしがこの平等を要求するのは、あなた方のためというよりむしろわれわれ男たちのためなのです。わたしは知っています。少なからぬ女性が心中ひそかに、こんな答えをわたしに差し向けているだろうということを。でも、そういった色々な知識とか、立派な学識とか、そんな学問とか、いったい何の役に立つのだろう？　何かに役立つことなどあるだろうか？　わたしはこう答えることができるでしょう。あなた方の子どもたちを育てるのに役立つと。これは正しい答えなのですが、あまりに平凡ですから、むしろこう言わせていただきましょう。それは夫たちを育てるのに役立つ、と（拍手と笑い声）。

ジュール・フェリーの提言はとりあえず精神的なレヴェルの問題であり、当事者たちの「意識改革」と呼ぶのが当たっていよう。それでも一八七〇年という時点で、明確に次のように喝破したことの意義は大きい——「現在のところ、女と男、妻と夫のあいだには、一つの壁があります。そのため外観は調和のとれた結婚であっても、多くの場合、意見、好み、感情をめぐる重大な相違が隠されているのです」。

本書の「はじめに」と第2章の最後で「フランスの家庭内における精神的（＝霊的）・政治的な離婚」というモナ・オズーフの言葉を引用したが、ご記憶だろうか。オズーフは、男女の精神生活を隔てる障害が教育によって是正できるといちはやく断言したジュール・フェリーを、客観的な歴史家の視点から高く評価しているのである。

さてジュール・フェリーの演説はさらにつづき、貧しい家庭において母が書物を読み聞かせることができれば、どれほどの光がもたらされることか、と述べる。そして女子教育は、社会のありようにかかわる問題だと主張する。こうして読んでゆくと、じつのところ、これは女性を「解放」するというよりは、家庭の安寧に必要な役割を与えるという発想であり、究極の目標が「秩序と進歩」であることは、疑いようがない。

それにしても、女性にも教育の機会を与えようというジュール・フェリーの主張が、議論として正当であることは、多くの人が認めていたにちがいない。しかるに、本章の「『ライシテ』とは法律の問題である」の項で見たように、初等教育の制度改革が軌道に乗った一八八〇年代に、女子教育は優先順位からはずされた。まずは選挙権をもつ男子について、共和国の市民を育成できるシステムをつくらなければならないという配慮だった。これも家父長的な社会では予想される事態である。知識においても、信仰の問題についても、両性を分かつ溝は容易なことでは埋まらない。ジュール・フェリーの男女平等論は、以上のようなものとして評価できるだろう。

第４章
カトリック教会は共和国の敵か

行政当局の指示で教室の壁から十字架がはずされる。嘆き悲しむ修道女の教師、怒りをあらわに見守る父兄

噴出する反教権主義

第二帝政期、コングレガシオンは着実に地歩を固めてはいたが、教育の現場には師範学校出身の教師が徐々に進出していたし、都市部だけでなく地方においても同様に、非宗教的で進歩的な集団と宗教勢力とのあいだでの確執は激しくなっていた。教皇ピウス九世は、頑迷な保守主義者とみなされており、そのうえ巨大な資本を蓄え、独自の組織をはりめぐらせたコングレガシオンは、国家のなかの国家のごとく専横にふるまっているとして、ドイツ、イタリア、スイスなどの諸国でも、深刻な軋轢《あつれき》が生じていた。それゆえ一八七一年、対プロシア戦に敗退したフランスで、鬱屈していた反教権主義が噴出したとしても不思議ではない。その後、カトリック教会は王党派の保守勢力と手を組んで、安定政権をめざす共和派との対立抗争に拍車がかかっていた。

レオン・ガンベッタ
(1838－1882年)

一八七七年五月、マクマオン大統領が共和派の首相ジュール・シモンを解任し王党派のブロイを任命するが、下院で不信任に遭い、これを解散した。「五月一六日の事件」と呼ばれるこの政変の結果、選挙が行われて共和派は躍進をとげた。こうした議会政治の激動が予感されていたはずの五月の四日、レオン・ガンベッタが下院で行った演説をここで紹介しておこう。ガンベッタはジュール・フェリーと協同した戦闘的な政治家として知られるが、当日の演説は、さながら「宣戦布告」のように響いたはずだった。

皆さん、全てに手を出し、何一つ疎《おろそ》かにしない、この侵略的な精神に抵抗するための迅速な対応策を採択しなければなりません——それというのも、この精神があるために、家庭においても、工場においても、農作地においても、要するに至るところで、教皇権至上主義、教会至上主義こそが圧倒的な力をもち、これを当てにする人びとの物質的利害を守るだろうという考え方、そうした確信が、ひろがっています。——この侵略的な、そして退廃的な精神に抵抗するための迅速な対応策を採択しなければならないのであります。さもないと、それが狙いとする二重の目標が達成されてしまうにちがいない。それは国家を支配すること、大衆を誘導することです（左翼席から「そうだ！　そうだ！」）。

われわれが立ち至っている状況は、かくのごとくであります！

さあ、お聞きいただきたい！　共和主義者の名において——というのは当然の義務であります——あるいはフランスの民主主義の名において——というのはわれわれの使命でありますから――次のように告げることはできるが、それだけでは、われわれは真の革新者とは言えない。そうではなく、何人《なんぴと》にも隷属しない自由な社会の不可侵の権利にかけて、次のように告げるとき、われわれは真の革新者となるのです。諸教会に対して、それがいかなる教会であろうとも、法律の遵守を求め、われわれの社会のなかで教会が占めるべき下位の位置、従属的な位置に回帰するように求める時が来た、と告げる必要があるのです（左翼席で盛んな拍手、さらに中道の座席のいくつかから、大きな拍手）。

熱弁はさらにつづく――「アンシャン・レジームと同程度にフランスにそぐわないもの、フランスの農民にそぐわないもの（右翼席から大きな反論の声）があるとすれば、それは教会による支配でありましょう」。要するに「教権主義？　そいつは敵だ！」という友人の台詞をくり返すことで、自分は国民の感情を代弁することになろう、という過激な言葉をガンベッタは満場の議員にむかって投げかける。そして左翼席からの大歓声と拍手につつまれて演壇を降りた。

一八八〇年代、共和派が議会において多数を占め、政権が安定すると、反教権主義の闘いは、学校教育という分野に収斂《しゅうれん》していった。敗戦の苦い体験のなかから誕生した共和国

歴史に残る法案の審議がおこなわれた第三共和政初期の国民議会。壇上にいるのはジュール・フェリー

は、均質で統一性をもつ強力な国民国家に成長してゆかねばならない。ルネ・レモンの指摘によれば、共和派の愛国主義には、反教権主義がいやおうなく構造的に組みこまれているのである。現代科学と「聖書」の教えは相容れないという教育内容の問題もあった。カトリックの女子教育施設は、生徒を無知なままに世に送り出すという批判もあった。比較してみれば、アルザス地方や国境近くに住むルター派のプロテスタント、そしてヨーロッパ各地のユダヤ人の集団では、はるかに教育の成果を挙げていると指摘する者もいた。

コングレガシオンへの「宣戦布告」

ジュール・フェリーは一八七九年三月、ひとつの法案を議会に提出する。認可を受けていないコングレガシオンの修道士を教育の現場から排除することを意図した法律であり、公立、私立を問わず適用されることになっていた。すべてのコングレガシオンを国の認可制度のもとに置き、カトリックがかろうじて確保してきた「教育の自由」を一挙に奪うものであったから、保守派からの反発は激しかった。共和派の内部からも慎重を期すべきだとの声が挙がっていた。それでも法案は七月に下院で可決され、上院に送られた。一八八〇年三月九日、上院がこれを否決すると、ジュール・フェリーは三月二九日、二つの「政令」を発布した。第一の政令は、イエズス会の解散を命じたもので、猶予期間は三ヵ月とされた。第二の政令は、コングレガシオンのすべてに同じく三ヵ月以内に認可申請を行うことを義務づけた。

世論は騒然となり、一八八〇年六月末には、予告通りにイエズス会の修道士が施設から排除された。信徒の抗議行動とこれに対峙《たいじ》する反教権派の怒号につつまれて、警察と軍隊が修道会の門を打ち破り、立てこもる人びとを路上に引きずり出すという光景は、秋になってからも、他の無認可修道会でくり返された。なかには二〇〇〇人の騎兵と何千人もの信者が睨《にら》み合ったまま四日間の籠城がつづいたという事例もある。

結果として一八八〇年一〇月一六日から一一月九日のあいだに、閉鎖された修道会は二六一件。五六四三名の修道士が国外に亡命し、あるいは国内に分散していった。ただし、いくつかの男子修道会は執行を猶予され、女子のコングレガシオンは取り締まりの対象にすらならなかった。しかも奇妙なことに、日が経つと、追放された修道士たちは徐々に施設に帰還した。イエズス会士までが元通り、あるいはやや遠慮がちに、教壇に立つようになり、告解などの活動を再開しても、当局は介入しなかった。じつのところ、政府はまさか本気で全面対決する覚悟はないだろうという巷《ちまた》の観測もあったらしいのだ。

イエズス会の追放を定めた三月二九日の政令には、一八世紀にさかのぼる法的な根拠が一応は示されていたのだが、一般論として言えば、宗教団体は非営利組織の一形態にすぎない。そして信仰の自由を保障することは、共和国の大原則だった。さまざまのアソシアシオンのなかで、宗教団体だけに狙いを定めて規制することが可能なのか。これは解決困難な法制上の問題でもあった。

一八八六年の「ゴブレ法」については、第3章「『ライシテ』とは法律の問題である」の項で触れたが、この法律により、師範学校出身の教員を積極的に雇用することが義務づけられた。一方では修道士にも教員免許の取得が求められるなど、しだいに「ライシテ」に向けての内実が整ってゆく。すでに述べたように、いずれ選挙権をもち軍隊に入る男子の教育は急務とみなされた。その一方で、女子教育の改革が後回しになったため、女性のコングレガシオンは教育関係の施設をそれなりに確保していたが、病院施設からは大幅に撤退していった。

　こうした状況のなかで、一九世紀をしめくくる二〇年のあいだに、コングレガシオンは世界に飛躍したのである。その一因がフランス国内の反教権主義にあったことはまちがいない。施設を追われた修道士、修道女たちは、海外に活路を見出した。一八八九年の法律によって、ヨーロッパの外で正規の職務について一定期間を過ごした若者は兵役を免除されるという特典が保証され、若い世代の流出に拍車をかけた。

　修道士、修道女は、まずは近場のヨーロッパ諸国に拡散していった。ついでカトリックとフランス語の根づいたカナダ、もともと吸収力のある北アメリカやラテンアメリカにも大挙して渡っていった。アフリカ大陸では内陸に向けての植民地化が着々と進行しており、最前線の危険な活動に修道士たちが身を挺して参加することもあった。アジアにおいても同様に、コングレガシオンは植民地政策のなかに組みこまれていた。

「反教権主義は輸出品ではない」という名台詞は、ガンベッタが一八七六年に言ったとされている。反教権主義は国内事情によるのであって、海外であれば、コングレガシオンは自由にふるまうことができる、植民地政府と連携することもできる、というのが言外の意味だ。

　第三共和政のフランスで、「文明化の使命」を掲げて海外進出を説いたのは、すでに述べたように保守勢力ではなく共和派だった。そして植民地帝国の現場では、政教分離を主張しなければならない理由など存在しなかった。とりわけ教育に関しては、国内でも不足している貴重な師範学校出身の若者たちを、遠い植民地の現地人を教育するために送りだそうという配慮など、当面はありえなかった。したがって植民地は当分のあいだ、修道会にまかせておけばよい。二〇世紀文学に名を残すマルグリット・デュラスの母親が、師範学校出の小学校教師として仏領インドシナに渡るのは、ジュール・フェリーの教育改革から三〇年が経過した一九一二年のことである。

ドレフュス事件から人権リーグへ

マクマオンの辞任後、政権を掌握した共和派は、大資本と結び「オポルテュニスト」(日和見《ひよりみ》主義者)と呼ばれた穏健派の集団と、共和主義の徹底を求める急進的な集団に分裂していった。ジュール・フェリーは前者の代表格であり、表向きはイエズス会に断固たる態度をとってみたものの、教皇庁に対決姿勢を見せたりはしなかった。「共和国に執着すると同時に、聖体行列にも同等の執着を示す人びと」によって、自分は選出されたとフェリーは言っていた。じっさい世紀末の常識的な市民の生き方は、次のようなものだった。夫は信仰生活には冷淡だけれど、妻は教会と良好な関係をむすび、結婚と葬式については

ローマ教皇レオ13世
（在位1878－1903年）

男女ともに司祭の臨席を望み、子どもたちには必ず洗礼を受けさせる。まさに折衷方式である。

一方、保守的なピウス九世に代わって、一八七八年に教皇となったレオ一三世は、共和政がブーランジェ事件（一八八九年の国粋主義的な軍人によるクーデタ未遂事件）などの障害を乗りこえ安定するのを目の当たりにして、ライシテをめざす政権との共存を模索した。この柔軟な政策方針は「ラリマン」ralliement と呼ばれるが、たんなる妥協ではない。労働運動やアナーキストの活動が過激さを増し、社会の安寧が脅《おびや》かされているという認識もあり、教皇庁も時代の変化に即応しなければならないと考えていた。

一方に融和の動きがあれば、これに対抗して怨念が噴出する。ふたたびジャン・ボベロの『フランスにおけるライシテの歴史』によると、ドレフュス事件の土壌を準備したのは、マイノリティへの「憎悪」だったという。反教権主義、反プロテスタンティスム、反フリーメイソン、そして反ユダヤ主義……。かならずしも弱者ではない、ある意味では強力なマイノリティである。

政権の中枢を占めるフリーメイソンは、夜な夜な「悪魔のミサ」を挙げている連中だとか、プロテスタントは国民を「非フランス化」して、海峡の彼方のイギリスと手を組むつもりだとか……。こうした誹謗《ひぼう》中傷とならべて、エドゥワール・ドリュモンの『ユダヤ人のフランス』（一八八六年）を解読すべきだろう。ボベロの分析は以下のように要約できる。

まずキリスト教徒による反ユダヤ主義の流れは中世から受けつがれたものだが、あらたな潮流としては、社会主義者からの「生産に寄与しない居候」としてのユダヤ人という批判があって、両者が強固な反ユダヤの陣営となる。その一方で、「反教権主義」も異質な集団の繋ぎとしての機能をもっており、社会主義に共感を寄せる労働者階級と、政権を握る自由主義的なブルジョワ階級は、少なくとも、この共通項によって結ばれていた。ところがドリュモンは以上の構図を解体し、反ユダヤの共通項をもつカトリックと労働者と社会主義という繋がりを産みだしたと歴史家は指摘する。さらにブルジョワ自由主義の政権に不満をもつ集団をここに合流させて、神話的な「反ユダヤ主義」の旗幟《きし》のもとに国民の多くを糾合したというのである。

「ラリマン」の旗印を掲げたジャーナリズムは、事態を沈静化させるどころか、「ユダヤ、フリーメイソン、プロテスタントの陰謀」に牛耳られた政府を批判して、論争をあおっていた。一連の「事件」は、こうした騒然たる世相を背景に展開した。一八九四年一〇月一五日、ユダヤ人の大尉ドレフュスがスパイ容疑で逮捕され、終身流刑となった。三年以上が経過した一八九八年一月一三日、エミール・ゾラが「われ、弾劾《だんがい》す」を発表。ドレフュスの無罪を確信して、裁判のやりなおしを求めていた人びとが、自発的にゾラ擁護のために立ちあがった。そのドレフュス派の陣営を「知識人《アンテレクチュエル》」と呼んだのは、反ドレフュス派であって、もともと蔑称だったという話がプルーストの作品には記されているが、他方には、急進的な共和主義者クレマンソーの発明した新語だという説もあるらしい（ピエール・ミケル『ドレーフュス事件』）。

再審要求を掲げた署名運動は、若者たちが推進した。母方がユダヤ系であるマルセル・プルーストが、アナトール・フランスの署名を得たことは知られているが、他にもダニエル・アレヴィーなどの大物政治家、ソルボンヌ大学からは歴史家セニョボス、言語学者F・ブリュノーなどが名を連ね、リストは第三共和政の政治的・知的活動の密度を感じさせるものになっている。やがて再審派は、知識人という枠組みを超えてふくらんでゆく。ここでも反ドレフュス派への「共通の敵意」が人びとの繋ぎとなり、アナーキストや社会主義者が合流したのである。

ゾラが民事法廷に召喚され、公判が世間の注目を集めているなかで、一八九八年二月二〇日、ドレフュス派のさまざまの活動のなかで、もっとも効果的で長つづきする運動が誕生した。「人権リーグ」Ligue des droits de l'homme et du citoyen である。ゾラ裁判に刺戟《しげき》を受けた反ユダヤ主義者の示威運動が盛り上がり、これに不安を感じた上院議員トラリューが提唱して、著名なカトリック教徒、学者、シュレール＝ケストネルなどが賛同した。これに対して反ドレフュス派も「フランス反ユダヤ連盟」といったアソシアシオンを結成したが、泡沫的な組織のまま解体していった。一方の「人権リーグ」は、今日にいたるまで、もっとも由緒ある人道的なアソシアシオンとして、活発な活動を日々くり広げている。

1899年、レンヌ軍法会議で証言台に立つドレフュス

したがって今日でも、教養あるフランス人にとって「人権リーグ」は、ドレフュス事件の思い出に結びついている。そして第三共和政の「人権」という語彙が、反教権主義の闘争のなかで鍛えあげられたものであり、公然と政教分離に与《くみ》する概念であることは、おそらく了解済みであるのだろう。「はじめに」で掲げた「人権とカ

トリック」という問題提起への謎解きとして、この点を確認しておこう。

現在の「人権リーグ」のサイトに入ってみると、冒頭の「使命」と題したところに、こんな記述がある。アムネスティなど多くの人権擁護団体が、じっさいに人種主義、反ユダヤ主義、あるいはもっと具体的な失業問題、避難民の問題、エイズの問題などと闘うことを目標にしているが、そのなかで「人権リーグ」を特徴づけるのは、これが「ライック」な組織であり、「あらゆる哲学的・宗教的な意見のメンバーを含むが、組織としてはいかなる宗教にも係わることがない」という点であるという。

上述のように「人権リーグ」の創立には著名なカトリックの信者が参加した。くり返しておこう。「ライシテ」の思想は、制度としての宗教が政治を支配することへの抵抗から発したものだ。マザー・テレサのポスターの前で足をとめたヨーロッパ人は、コングレガシオンという制度のあからさまな現前に戸惑った。キリスト教信仰が人間の基本的人権とは相容れないと示唆したかったわけではない。

ルルドの聖地巡礼とヴォランティア活動

「アソシアシオン」とは何か。今日の用語としては、わが国でいうNPO法人がこれに当たると考えればよいのだが、『フランス法辞典』によれば、一義的には基本的人権としての結社の権利により、特定の目的のために結合する永続的な集団を指す。より限定的には非営利社団を指すが、そのなかには、上記「人権リーグ」のような市民団体だけでなく、いわゆる信徒団体、さらに聖職者の集団であるコングレガシオンもふくまれる。「アソシアシオン法」として知られる一九〇一年の法律は、非宗教的な市民団体と宗教団体との両方を対象としており、後者を国家の管轄下におくことを重要な目的の一つとみなしたものだった。その詳細については次項で検討しよう。

小説を読みながら歴史的な考察を行うという本書の構想の最後の試みとして、第2章「ルルドの奇蹟」の項でひと言ふれた作品、エミール・ゾラの『ルルド』をとりあげる。一八九四年に発表された当時は『ナナ』や『居酒屋』に並ぶ大ベストセラーだったが、邦訳はない。キリスト教の奇蹟とコングレガシオンの活動という主題は世紀末フランスの時事的な関心に正面から応えたものだった。なおのこと、日本の読者には理解しにくい話題なのだろう。

一八五八年、ピレネー山麓のルルドにマリアが出現して半世紀足らずのうちに、寒村はキリスト教世界有数の聖地に変貌した。ゾラ自身の取材した記録によれば、一八九一年には、年間を通して一五四の特別列車が仕立てられ、年ごとに搬送される巡礼は、合計一〇万から二〇万人に及んでいたという。巡礼のグループは、主に奇蹟による治癒を願う病人

巡礼列車で搬送された病人をルルドの駅で迎える看護チーム

と付き添いの家族からなっていた。むろん貧富の度合いによって集団の構成はさまざまで、単身で参加し、車中で絶命してしまう重病人などもいた。

巡礼の数から想像されるように、オーガナイザーのほうには、とてつもない組織力が求められた。ルルド現地には、聖母マリア像の飾られた洞窟、新築された教会、聖水の沐浴《もくよく》によって治療を行う施設、奇蹟による治癒であることを確認し証明書を与える医局、病院を兼ねた宿泊施設、関係者のための宿泊施設、そして俗悪な土産物の売店まで、ともかく大掛かりなインフラが整備されていた。現地スタッフは、行政当局と聖地の運営にかかわる聖職者、常駐の医師など。これに対して巡礼列車の責任者は「アシスタンス」（第2章「発展するコングレガシオン」の項参照）を専門とする修道女たちである。これにくわえて「ヴォランティア」に当たる信徒会の面々が数多く参加する。

全体として見れば、壮大な市民の活動がくり広げられていたのである。ただ参加者とオーガナイザーの全員が信仰をもつ者であり、教会や修道会などの組織が基盤になっているために、今日のＮＰＯと同質の気運があったのだろうと思い至るためには、読者の側にやや想像力が要る。

作品はあらゆる意味でアクチュアルな論争を刺戟するように仕組まれている。主人公の青年ピエールは、信仰をもたぬ科学者の父とカトリックに深く帰依《きえ》する母のあいだで少年期を過ごし、母親の罪の意識を贖《あがな》うかのように、半ば強制されて聖職者になった。青年の幼友達マリは、落馬がきっかけで徐々に下半身が麻痺してしまったのだが、ピエールとともにルルドに巡礼に赴《おもむ》くことで、自分は信仰の力で奇蹟の治癒にあずかり、その奇蹟を目の当たりにしたピエールも真《まこと》の信仰をとりもどしてくれるのではないかと期待しているのだった。

物語はピエールの視点から描かれてゆく。貧しい重病人を乗せた三等列車のなかで、修道女イアサントは、全員の様子に気を配り、祈りや賛美歌の時間を設け、疲れも見せずに看護婦と添乗員の役回りをこなしている。責任ある仕事に従事することは、女性にとって解放の経験なのであり、若い修道女の溌溂《はつらつ》とした姿は、そのことを周囲に告げているように思われる。

修道女と信徒会の女性たちが組織するヴォランティア活動

信徒会のメンバーとして参加した上流社会の女性は、年頃の娘を伴っている。現地で担架をかついだり、車椅子を押したりする貴族やブルジョワの青年たちもいて、聖地巡礼は、それに参加することが「シック」であるとみなされる奉仕活動なのである。壮絶な闘いのようなヴォランティア活動が昼夜を分かたず四日間つづく。その間、遠来の人びとが寸暇《すんか》を惜しんで交流し、年頃の娘は、みごと花婿候補をキャッチする。

死の瀬戸際に立つ病人のあふれる巡礼地は、奇妙なことに、健常者にとっては年に一度日常のしがらみから解放される祝祭空間でさえあるらしい。教会関係の口実がないと家から一歩も外に出られないという既婚の女性が、奉仕活動に参加すると見せかけて、恋人と逢瀬《おうせ》を楽しんでいるという話もある。

マリの病状については改善の兆しがないままに時がたち、最後に奇蹟が訪れる。ピエールはそのことをまったく予期しなかったわけではない。当時、実験心理学はめざましい成果をあげており、シャルコーによるヒステリーの治療などは知的な人びとのあいだでよく知られていた。無意識の罪悪感が動機で引き起こされる麻痺症状は、宗教感情の昂揚によって突発的な治癒にいたることがある——作品のなかに明示的に書きこまれているわけではないのだが、ピエールは友人の医者から、そうした趣旨の示唆を受けていた。そしておそらくこれが、作者ゾラが小説によって暗示しようと考えた実証主義的なキリスト教信仰の解明であり、科学の言説による「奇蹟」の謎解きだった。

ゾラが巡礼になったという見立てのカリカチュア

しかし、当面わたしたちの関心を惹《ひ》くのは、なによりも作品の宗教社会学的な側面であり、聖地巡礼というイヴェントのなかでヴォランティア活動の醍醐味《だいごみ》を味わっているらしい女性たちの姿である。それというのも、ドレフュス事件において上流社交界や大ブルジョワの夫人たちの主宰するサロンが世論の動向にかかわったのは事実だとしても、そこには二〇世紀の市民像や新しい共同体を予告するものは何もない。また「人権リーグ」

のような堂々たるアソシアシオンの発起人に、職業をもたぬ女性が名を連ねているはずもない。これに対してカトリック教会は、女性を家族に奉仕する性として位置づけ、家庭に拘束する一方で、宗教共同体の内部において無名の女性たちに、かけがえのないソシアビリテと人生を積極的に生きる機会を提供していたと思われる。たとえばジュール・フェリーの姉は、そのような意味で典型的かつ模範的なカトリック信徒の人生を送ったのだった。

一九〇一年のアソシアシオン法

一九〇一年七月一日の法律は、非宗教的なアソシアシオンに対するリベラルな政策とコングレガシオンに対する例外的な措置とを併記したものになっている。世紀の変わり目とともに共和派の政権が、カトリック教会との全面的な対決をえらぶのはなぜか。

問題は宗教と非宗教の対立ではないことをあらためて確認しておこう。一八六六年の調査によると、フランスの総人口およそ三八〇〇万人のうち三七一〇万人がカトリックであると答えているという。プロテスタントは八五万人、ユダヤ教徒は九万人にすぎない。ナポレオンのコンコルダート（政教条約）以降、一九世紀のフランスは、複数の宗教をフランス人の宗教であると認め、予算を計上して政府の管轄下におくことを試みた。しかし、圧倒的な組織力をもつカトリックのほかは、数値だけを見れば宗教的なマイノリティにすぎない。にもかかわらず、ひとつの法律が誕生する背景を知るためにも、妄想や憎悪のからんだ三者の力関係を読み解くことが不可欠だと思われる。

軍隊とカトリック教会の癒着を告発するものとして、急進的な共和派が批判のシンボルとしたのが、武器と聖具の組み合わせ、「サーベルと灌水器《かんすいき》」という言葉だった。対プロシア戦の直後は、むしろ保守派が軍隊と距離をおいていたのだから、ドレフュス事件をつうじて構図は一変したことになる。左翼の日刊紙「トゥールーズ通信」が一八九八年一月二五日に掲載したクレマンソーの檄文《げきぶん》は、最高潮に達した反教権主義の表出として知られている。

そうなのだ！　この全面的な権力を、「教会」は中世において実現したのである。ユダヤ人と異端のキリスト教徒を焼く薪《まき》の山は、教会の歴史に点在しているのである。反抗する人間精神のために敗退し、その支配をくじかれた「教会」は、それ以来、失われた覇権を回復することしか考えなかった。

ライックな革命により行政の場を追われ、何世紀にもわたり、その残虐行為により血で洗われてきた法廷という場からも追放された「教会」は、じっさい自らの勝利のためには剣の力に頼ることしか知らなかったから、大革命以来、軍隊に信頼のすべてをゆだねてきたのである。

歴史の客観的な記述ではない。「教会」が一方で「軍隊」に結びつき、他方で「反ユダヤ」「反プロテスタント」の砦《とりで》となるという見取り図が、ひたすら強調されている。しかし上述のように、カトリックに共感をもつ者は、国民の大半を占めていた。したがって反ドレフュス派に合体したとみなされたのは、あくまでも制度としての教会であり、カトリック信者の全体ではないのである。

反教権主義の沸騰を招いたもう一つの動機は、経済的な危機感だった。個人の資産であれば人の死によって所有権の移転が行われる。これに対し、宗教団体の所有する土地や施設は通常の法の規制をまぬがれ、課税対象として掌握することさえむずかしい。結果として「コングレガシオンの一〇億フラン」に国家は手出しをすることができない——一九〇〇年一〇月、首相のヴァルデック＝ルソーは、こんなふうに数字をかざして宗教団体の膨張する財産という脅威に警鐘を鳴らしたのだった。じっさい「コングレガシオンの一〇億フラン」という台詞は、標語のようにくり返されたらしいのだが、ある統計によれば男子修道会の資産だけで、この数値を超えている。

修道会のなかには社会的な活動だけでなく、チョコレートやリキュールなどの生産にかかわり、事業主として成功したケースもあった。トラピストなどは、わたしたち日本人にも馴染みの名前だろう。ただし問題は、のどかな美食の話などではなく、じっさいにカトリックと保守派の資金を特定の銀行に集約して教皇庁の政策をささえる財政基盤を作ろうという計画もあった。エミール・ゾラの『金』(一八九一年)は、ユダヤ系の銀行に拮抗《きっこう》するカトリック系の銀行の破綻事件を素材とした作品で、世紀末の金融界に巨大資本が暗躍するさまが描かれている。

さらにまた、コングレガシオン系の由緒ある教育機関は、すたれるどころか繁盛していたという事情もあった。貴族や大ブルジョワの子弟との交友を期待して、共和派の大物たちが、息子を修道会の施設に送りこんでいた。一八九九年の時点で、修道会系の学校は、男子中等教育の四九パーセントを占めていた。要するに教育のライシテも脅かされていたのである。

アソシアシオンに関する法案は、ドレフュスの再審が軍法会議で行われ再度有罪判決が下りた直後の一八九九年末に、議会に上程された。法案を作成した者の証言によれば、「〔非宗教的な〕アソシアシオンには自由を、かつて前例のないような自由を与え〔……〕コングレガシオンにはこの自由を拒む」ことが、その狙いだった。じじつ新法によれば、通常のアソシアシオンは役所で申請手続きをするだけで法人格を認められ、事前の認可を求められることはなかった。これに対して、コングレガシオンは事前の認可が必要であり、メンバーや財産の状況や運営資金などについて、逐一報告をする義務があった。認可の手続きには三ヵ月の猶予が与えられたが、手続きを怠った施設は閉鎖するとの但し書きがある。認可が下りぬ場合も、同様に閉鎖となる。

これは特殊な、あるいは異様な状況だった。特定の生活様式をもつ人間の集団が、明確なイデオロギーをになう国家によって標的にされるのだから。内閣首班ヴァルデック＝ルソーは「反教権主義は国家にとって不断の、あくことなき、不可避的な存在様式である」と断言した。法案の生みの親は、事態がイレギュラーであることを正しく見抜き、そのことを承知のうえで決断したのである。

標的にされた陣営は困惑した。いかに対応すべきか？　法律はどこまで実効をもつことになるか？　コングレガシオンの足並みもそろわず、ローマ教皇庁の発言も曖昧だった。

一九〇二年、ヴァルデック＝ルソーに代わってエミール・コンブが首相の座につくと「二つのフランスの戦争」は新たな局面に入る。コングレガシオン系の小学校が、なんと二六〇〇校も閉鎖に追いこまれたのである。

一九〇五年の政教分離法

「アソシアシオン法は政教分離法の序文のようなもの」という指摘があるそうだ。その繋ぎ役をつとめたエミール・コンブという政治家は、ジュール・フェリーにもおとらぬ興味深い人物なのだが、手短《てみじか》に紹介しよう。

フランス西部の小さな町で貧しい織物職人の家系に生まれたエミール・コンブは、コングレガシオンの教育施設の手厚い保護のおかげで神学の博士号を手にするが、聖職者には適性がないと自覚する。そこであらためて医師の免許をとって開業し、地元の票を背景に政界に打って出た。彼もフリーメイソンの会員であり、首相になったのは、六七歳のとき。一方の陣営にとっては英雄だが、他方では蛇蝎《だかつ》のごとく憎まれる。それほど過激な人

カトリック教会の仇敵エミール・コンブ。角と尻尾の生えた悪魔が血を吐く聖職者を握りつぶし鍋で煮ている図

1903年、イゼール県のグランド・シャルトルーズの修道院で、警官隊とカトリックの活動家が睨み合うなか、修道士の強制排除が実施された

物だという説もあれば、じつは廉直《れんちょく》で現実的な精神だったと仄《ほの》めかす伝記もある。反教権主義ではあるけれど、反キリスト教でも無神論でもない。むしろルソーの自然宗教に近い信仰の形を思い描いていたらしい。

二六〇〇の教育施設の閉鎖には、例によって軍隊が導入されたのだが、法的な手続きにも問題があった。認可申請に関し、一九〇一年の法律が施行される以前にさかのぼり、これを適用するという強引な方法がとられたのである。追い打ちをかけるように、一九〇四年七月七日の法律により「あらゆる修道会の教育」が禁止された。生徒たちの処遇を配慮して、最大一〇年の猶予期間が与えられていたのだが、それにしても、修道会に帰属していることを理由に、教壇に立つ権利を奪うという決定は、基本的な人権への侵害にあたるのではないか。むろん問われているのは個人の信仰の問題ではないのだが、それにしても、プロテスタントやユダヤ教ではなく、カトリックだけに狙いを定めた措置であることは誰の目にも明らかだった。

職場を追われた三万人の修道士、修道女が、この時期にフランス国外に出たという。一八八六年にライシテ原則の土台をつくったルネ・ゴブレまでが、「市民のあるカテゴリー」に対する人権侵害であるとして異議を唱えた。初等教育の現場は未曾有の混乱に陥ったものと想像される。ただしその一方で、一九〇三年に一旦閉鎖された一万の小学校のうち五八〇〇校は、ほとんど内実は変わらぬままで、ただちに再開された。教皇庁は修道会のメンバーが世俗の衣をまとって現場にのこることを許容したのである。名目上はコングレガシオン系であることをやめた施設は、「自由学校」école libreという名称を掲げるようになる。今日でも私立学校を指す言葉として使われているが、じっさいにはミッション系であることが多い。

一九〇一年法で定められた措置が着々と推進されるのと併行して、政教分離法の草案が練られ、一九〇五年三月から議会での審議が始まった。法案にはエミール・コンブに代わってアリスティッド・ブリアンの署名があり、内容もはるかに柔軟なものになったと提案者は考えていた。同年一二月一一日に法律が発布されるまで、議会の審議は五〇回を数え、その内容のゆたかさ、質の高さという意味で、歴史に残るものとなる。この指摘は、歴史家ジャン＝マリ・メイユールによるのだが、その著作『政教分離』（一九六六年）は、審議の経過を発言者の立場や思想を解説しながら丹念に再構築してみせる。フランス共和国が、「ライシテ」を定義する最終段階において、議会政治の原則にしたがい誠実な議論を積みかさねたことを、この著作は裏づけているのである。

簡便な歴史叙述にあるように、エミール・コンブ個人の独断と果敢な行動により、一挙に結末まで事が運ばれたわけではないことを、ここで強調しておきたい。

慣例にならって「政教分離法」という訳語を当てているが、フランス語の séparation des Eglises et de l'Etat は「教会と国家の分離」であり、複数形の教会にはカトリックのみならず、プロテスタント教会、ユダヤ教会が含まれる。第一条は「信教の自由」を謳い、第二条には、「共和国はいかなる宗教も、これを公認することはなく、給与を支払うこともなく、補助金を支給することもない」とある。一八〇一年以来の「コンコルダート」の原則を一方的に破棄する規定であることは、ご理解いただけよう。公認の宗教というステータスと資金援助という待遇が、一世紀にわたり教会と国家を繋ぐ絆となっていたのである。ご記憶のように、本書の第1章で『レ・ミゼラブル』を読みながら、ミリエルがナポレオンによって司教に任命されたことの政治的背景を考えた。当然のことながら、このような人事権も廃止され、教会は国家から自立することになる。その自立とは何かが問題だった。

先に挙げたメイユールの著作から、ある良識派の陳述を紹介しよう。まずは荒っぽい分離の危険を説いて——「司教の任命権が教皇のものになるというだけではありません。あなた方は、わが国の聖職者の全体を力関係を配慮することなくローマのコングレガシオンに委ねてしまうことになる。〔……〕あなた方はまた、教会をめぐる恨みや抗争に自分たちの抗争を合体させようとねらう政治的な集団に、聖職者たちを委ねてしまうことになる、今日以上にそうしたことが起きるでしょう」。このように危惧を表明した上で、アリスティッド・ブリアンに共感する立場から、次のように信条を述べる——「わたしが目の前に掲げている原則、規則、思想とは、以下のようなものであります。国家は宗教の内部組織にまで介入すべきではない、国家の監督から宗教を解放することになった以上は、その信仰

1905年４月、「政教分離法」の国会審議で壇上に立つ提案者アリスティッド・ブリアン

とともに伝統的な組織も尊重しなければならないということです。これがわたしの執着する主要な考え方です。これはまた、政教分離を実現した自由な国々のすべて、アメリカ合衆国やメキシコや他の諸国が選択し、実践している考え方です」。

ここ数十年の世界の動きを見れば、アメリカ合衆国のリベラリズムはキリスト教原理主義の台頭を招き、フランスのライシテとはまったく異質な方向に進んでしまっている。しかし一九世紀末のヨーロッパにとって、宗教と共存できる共和国という特権的なモデルが、ほかならぬアメリカだったことは記憶しておこう。

それにしてもここで示された宗教の自立は、いわば遠くの到達目標であり、じっさいに教会は厳しい検閲と統制を経たのちに、「国家の監督」から解放されることになる。すでに指摘したように、重大な問題の一つは、教会やコングレガシオンが永続的に囲いこんできた資産の扱いをどうするかという点だった。

法的な仕掛けについては、『フランス法辞典』の「アソシアシオン」の項に、以下のような明快な説明がある。一九〇一年の法律の枠組みを前提として、一九〇五年の法律は、宗教団体を、一般的な組織である信徒団体 association cultuelle と、聖職者を構成員とするコングレガシオンに大別した。従来の公認宗教のもとで公法人として宗教団体が所有していた教会資産は、この信徒団体に移転され、国の所有する聖堂や教会などの宗教建造物も、信徒団体が無償使用権の帰属先とされた。

この信徒団体は届け出により法人格を取得することができる。要するに特権的な制度としての宗教は解体され、一般のアソシアシオンと同様の形式をとることを求められたのである。プロテスタントおよびユダヤ教会は、この枠組みを利用して信徒団体を構成した。カトリックは教皇庁の強い反対もあり、当初この枠組みを拒否したのだった。和解の交渉が始まるのは一九二一年、アソシアシオンの一形式をカトリック教会が受けいれるのは一九二四年のことである。

1905年法の実施に際し、教会の財産目録を当局が掌握するために、軍や警察が動員されることもあった(1906年、ブルターニュの修道院)

教育施設の閉鎖のときと同様に、またしても何千人という規模の軍隊が導入され、力尽くで修道士たちが排除され、教会財産の目録が作成され、解散を命じられた組織の資産が国や地方行政機関に移管された。その間に貴重な建造物や聖遺物が破損することもあり、また行政の無関心のために村の教会が荒れ果てたり、伝統ある教会が別の公共施設に転用されたりもした。貴重な文化財の散逸と宗教的な伝統の消失を、文明の破壊であるとして批判する運動がひろがった。

カトリック系の学校がライックな公立学校へと変貌するさいにも、しばしば悶着や紛争が起きた。国民のほとんどは、少なくとも心情的にはカトリックだった時代である。村の小さな学校の教室に掲げられていた十字架をとりはずすことは、司祭と教員と生徒たちだけでなく、村の住民すべてにとって大事件だった（第4章扉絵参照）。

世代として考えれば、一連の出来事は、わたし自身の祖父母が子どもであった頃に起きたはずであり、わたしが子どものときに祖父母が語り聞かせたかもしれない思い出話という距離に位置している。

イスラームのスカーフを教室のなかに入れることはできないと主張するフランス人の心性は、自分たちは十字架を教室から運び出したという記憶によって、今も養われているのではないか。少なくともその記憶が、スカーフの排除は政治的には正しいという実感をささえているのではないかと思われる。

「不可分の非宗教的な共和国」という国是

なぜ、これほどのドラマが、これほどの闘争が必要だったのか。とりわけ法律の実施にともなうプロセスが、はなはだ暴力的であったことは否めない。にもかかわらず、その後一世紀にわたり、一般のフランス人が政教分離という選択を後悔したり、全面的に否定したことはなかったように見える。例外は第二次世界大戦の戦時下で、対独協力内閣を構成したヴィシー政権であり、この時、一時的にカトリックは国教としてのステータスをとりもどす。それより以前、第一次世界大戦の非常時においても、政権とカトリック教会との歩み寄りがあった。じっさい一九〇五年法は、一つの結節点であることは確かだとしても、これが終着点ではない。ただし、この先百年の歴史は、新たな展望のもとで書きおこされるべきだろう。

重要なのは次の点だ。一般に国家が宗教に与えるステータスは、数ある可能性のなかの一例というのではなくて、その国の本質、その定義にかかわる問題となる。「ライシテ」の原則なくして「フランス共和国」はあり得ないといってもよい。「フランスは、不可分の非宗教的、民主的かつ社会的な共和国である」——第二次世界大戦終結後、一九四六年の第四共和国憲法と一九五八年の第五共和国憲法は、等しくこの原理を国是の筆頭に掲げている。前者は、この一文だけで第一条が完結するが、後者の場合、「フランスは、出身、人種または宗教による区別なしに、すべての市民の法律の前の平等を保障する。フランスは、すべての信条を尊重する」という文章がつづく。先例にしたがって「非宗教的」と訳したのはlaïqueそして「信条」はcroyancesである。

あらためて確認するならフランスは、公的な制度として国家の内部に組みこまれていた教会を国家から分離したのだが、そのためには革命から一世紀以上の葛藤の歴史が必要だった。国は「教会」に対し、財政援助や資産に関する特別待遇は与えない。そして「教会」は組織の運営について全面的に自立する。

教育の現場では、名目的にはコングレガシオンが排除されたものの、カトリック系私立の学校は存続した。ただし、当然のことながら、フランスの国民を育てる公教育の内容は国家によって管理される。共和国が「不可分」indivisibleであるためには、共通のプログラムによって育成された国民が、そのアイデンティティを形成しなければならないのである。

たとえば国民の歴史は、第三共和政に向けての進歩発展の道程として記述されるだろう。教室で、王党派の修道士がフランス革命を否定し、ローマ教皇の無謬《むびゆう》性を説いては困るのである。子どもに宇宙の成り立ちや生命の誕生を教えるときに、「創世記」を使うか「進化論」を紹介するか。これも教師が自由に選択する事項ではない。

こうして「ライシテ」は、しばしば個別的な自由の制限を意味することになるのだが、その一方で「不可分性」は、宗教をめぐり分裂してきた国家にとって最大の課題である。

この「不可分性」を「ライシテ」の思想によって支え、両者を対《つい》にして国家の性格を定義することを、フランスは選択したのである。

アソシアシオンと市民社会

さいわい、この主題についてはアクチュアリティをふまえた適切な解説書を日本語で読むことができる。コリン・コバヤシ編著『市民のアソシエーション――フランスNPO法100年』(二〇〇三年)という書物で、帯には「グローバリゼーションに対抗するために今、市民として動き出すとき!」と元気のよい掛け声が記されている。

フランスでも二〇〇一年の前後に「アソシアシオン法」百周年の刊行物が数多く出版されているが、それらを手にとったときの第一印象は、フランス人にとって自明であるらしい「アソシアシオン」という組織の政治的、社会的、あるいは市民的な本質について、わたしたちはあまりに無知で無自覚かもしれないというものである。

『フランス法辞典』にも示唆されていたことだが、原点は一七八九年の「人権宣言」にある。その第一条は人間の「自由」と「権利の平等」を謳っており、第二条が、政治的結合に関するものである。

すべての政治的結合(association politique)の目的は、人の自然の、かつ、時効によって消滅することがない権利の保全である。これらの権利は、自由、所有、安全および圧制への抵抗である。

こうした政治的なアソシアシオンとしては、革命期の「クラブ」や秘密結社があるが、中世にまでさかのぼる同業組合も、フリーメイソンのような団体も、第二帝政期に成長をとげる労働組合も、インターナショナルのような国際的な組織も、そしていうまでもなくコングレガシオンも、制度的にはアソシアシオンの範疇《はんちゅう》に入る。

一八四八年の二月革命では、雨後の筍《たけのこ》のごとく誕生した「組合」が、思い思いの要求を掲げて演説し、臨時政府に陳情にゆく。フロベールが『感情教育』のなかで皮肉たっぷりに描写する光景を読みなおしていると、能動的な市民たちの政治参加という夢が、この第二共和政期に一斉に開花したことが、あらためて実感できる。たとえば芸術家の一団は——現代の用語で言えば「コンペ」のようなものかもしれない——政府肝いりの「美術フォーラム」の設立を求め、労働者と協力してパリを「巨大モニュメント」で埋め尽くすと宣言する。その一方で、社会運動にめざめた独身女性が、プロレタリアートの解放は女性の解放なくしてはありえないと主張し、すべての職業の門戸を女性のために開くこと、婚姻の機会均等について行政が支援すること、乳母と産婆は国家公務員とすること、女性のための出版社、女性のための理工科学校、女性のための国民衛兵を創設すること、等々の要求を掲げるのである。堂々たる権利要求という意味では、二一世紀の日本を凌《しの》ぐではないか。おそらく戯画化されてはいるのだろうが、フロベールは荒唐無稽なエピソードを捏《ねっ》造《ぞう》する作家ではない。

「あなた、女性クラブに行ってくるわ、シチューをちゃんと煮ておいてね、赤ちゃんは早く寝かせるのよ……ご機嫌がわるくなったら、おっぱいをしゃぶらせて」「ええ、おっぱい？」「哺乳びんよ、莫《ば》迦《か》ね！……」(19世紀のカリカチュア)

マルクスが二月革命を大革命の「茶番」だと批判したことは知られている。しかし、こうした読解が権威とみなされると、発想が定型的になってしまうこともある。むしろ逆方向から、第三共和政の市民運動を予感させる寸劇として読み解くという提案があってもよいのではないだろうか。

ところで上記の「人権宣言」は、よく読んでみると「結社の権利」が存在することを指摘しているだけで、じつは「結社の自由」を認めるという宣言ではない。革命期の法律はむしろ厳しい管理体制を敷き、権力を握った者が、不寛容の極限である恐怖政治に陥ったことも知られている。さらに一八一〇年、ナポレオンの刑法二九一条は、アソシアシオンを設立することを明確に禁じたのだった。この刑法は、一九世紀を通じて生きており、一九〇一年の法律によって廃止された。詳細ははぶくが、この「アソシアシオン法」で認められた「自由」は、いわば最大限のものであり、その後も市民活動や政治活動の権利保障に役立っている。

大まかな見取り図ながら、一九〇一年の「アソシアシオン法」が画期をなすことを感じとっていただけただろうか。この法律と一九〇五年の「政教分離法」が対になって、ライックな公教育に支えられる市民社会の土壌のようなものが、ようやく整うことになる。百科事典『ユニヴェルサリス』の解説によると、この経緯はヨーロッパのキリスト教諸国のなかでは、先駆的とはみなせないという。じっさい市民社会の成長は、カトリック系よりもプロテスタント系の国家や地方において先んじていたという指摘がある。フランスでも、非カトリック系の共和主義者たちが改革を主導したという事実に、ある種の傍証を見ることができよう。

ただし、くり返しを承知で強調しておきたいのだが、カトリックと非カトリックを二項対立的に捉え、保守と革新にふりわける構図を蒸し返すかぎり、生きた歴史は見えてこないだろう。善悪二元論的な歴史観ほどに退屈なものはない。

一九世紀を通じて、大きな求心力をもちつづけ、とりわけ女性に活動の場を与えていた膨大な数のコングレガシオンは、その後どうなったのか。アソシアシオンの枠組みで、なかでも「連帯」「福祉」の領域で、宗教を背景とした慈善や友愛の伝統は活かされている。二〇世紀は、本書の検討対象ではないのだが、それでも一瞥《いちべつ》だけはしておこう。

今日フランスの国内には、七〇万とも一〇〇万ともいわれるアソシアシオンが存在する。数値が大雑把であることには理由がある。一九〇一年の法律によれば、法人格を取得したいアソシアシオンは、当然のことながら届け出を求められる。しかしアソシアシオンを結成すること自体は、フランスの法律に抵触しない活動であるかぎり、自由であり認可を必要としない。義務づけられた届け出制度がないから、およその数値しかわからないのである。ちなみに国勢調査において信仰に関する記載を求められないフランスでは、宗教的な分布も、正確には掌握できない。くり返し述べたように、私的な領域に公的な権力は介入しないのがライシテの原則である。

そこで、あらためて考えてみよう。一九世紀末のフランスにおいて、アソシアシオンの問題とライシテの問題は、別個の課題として無縁に進捗《しんちょく》し、世紀の変わり目の法的措置の段階で、偶然に合流したのではないだろう。膠着《こうちゃく》した制度的思考に対する一般市民の積極的な異議申し立てという文脈から、すべてが発祥しているはずなのだ。能動的な市民の活動は、形式的にはアソシアシオンの形をとるだろう。しかも変革を求める社会運動は、意識において政教分離に共鳴するケースが圧倒的だった。

フランスの先駆的NPOとみなされる「教育リーグ」Ligue de l'enseignementなどはその代表例といえる。一八六六年にジャン・マセによって設立されたこのアソシアシオンは、一八八〇年代、ライシテの政策推進に大きな貢献をなし、今日も「教育と生涯学習リーグ」Ligue de l'enseignement et de l'éducation permanente (LEEP) という名称で活動をつづけている。このアソシアシオンはライックな教育をめざす地方の小組織三万二〇〇〇を統合し、一万人を有給の職員として雇用する。これにヴォランティアとして参加する者は一五万人にのぼる。

この例に見るように、フランスのＮＰＯは、必ずしも無給の奉仕活動によって成り立ってはいない。そして印象深い数字をもうひとつ挙げるなら、今日、フランス国民の一〇人に八人は、なんらかのアソシアシオンにかかわっているという。しかし、こうした問題については、この項の冒頭に挙げた『市民のアソシエーション——フランスＮＰＯ法１００年』に預けよう。アソシアシオンの歴史的な概論を冒頭に置き、具体的な組織の活動状況を紹介し、最後に法律の解説を付した周到な書物である。

わが国では、「特定非営利活動促進法」(通称「ＮＰＯ法」)が一九九八年に成立した。「今、市民として動き出すとき！」というキャッチコピーは、まことに正当なものだ。そして今だからこそ、ライシテとアソシアシオンと市民社会というテーマを撚《よ》りあわせたような一世紀前のフランスのドラマが、わたしたちにとって示唆にとむ参照例になるにちがいない。

スカーフ事件へのアプローチ

時代設定としては本書の射程を超えるが、最後にイスラームの「スカーフ事件」について、ひとつのアプローチを紹介しておきたい。一九八九年秋の新学期にパリの郊外クレーユの公立中学校で、スカーフをかぶったまま教室に入ろうとした生徒が校長によってスカーフをはずしてから教室に入るよう指示されたという事件である。これをきっかけにライシテ原則をめぐる侃々諤々《かんかんがくがく》の議論がわきおこり、行政のみならず司法や立法までが対応を迫られるという事態になった。

その後二〇〇四年三月、公立校での「これみよがしな宗教的シンボル」の着用を禁じる法律、いわゆる「スカーフ禁止法」が成立した。その経緯は日本でも紹介されているが、やはり気にかかるのはジャーナリズムに頻出する「寛容」という語彙であり、倫理的な態度によって問題は解決するといわんばかりの論調である。本章「一九〇五年の政教分離法」の項で示したように、フランスには革命以来一世紀の確執と混乱をへて教室から十字架を排除した記憶が生きている。カトリックを対象とした政教分離の闘争という史実が、スカーフへの抵抗という力学の起源にあることを、すくなくともわたしたちは知識として知っておくべきだろう。

くり返しになるが、ライシテは法的に定められる原則であり、同時に学校教育や市民の日常生活に直接かかわる問題である。二〇〇四年にプロテスタントの牧師が主催した連続講演会にもとづく共著『ヴェールは何を隠しているか?』は、これまで何度か依拠したジャン・ボベロも参加しており、イスラームへの冷静な共感に発した書物であると思われる。そのなかで主催者の牧師は以下のようにスカーフの意味を解読する。

かりに中年の女性が長いヴェールに身をつつんで病院にあらわれ、しかもその女性がフランス語を話さず、夫が采配をふっていれば、これは女性が夫に従属し、宗教的にもしばしばられているということになるだろう。一方、一五歳の女子中学生にとって、スカーフはまずアイデンティティの宣言であり、自己主張、挑戦といった意味合いもおびている。こうした行動そのものは、ムスリムにかぎらず若者に一般的な現象といえる。

さらに論者はスカーフに執着する女子中学生の動機を四つ列挙する。

一、スカーフには第三者からの性的ないやがらせをはね返す力がある。その場合、たんに「触らないで！」という意思表示。

二、両親の求めに応じてスカーフをしているとしたら、ある種の抑圧があったと認めることができる。しかしフランス共和国は両親が子どもに対して宗教的な行為を強制することを法的に禁じてはいない（親による強制は、カトリックやプロテスタントの場合にもありうることだ）。

三、女子中学生たちが共同体に固有の文化を主張するために、西洋の文化を拒絶する仕草としてスカーフを身につけるとしたら、これはフランスの同化政策の有効性というレヴェルの問題となる。

四、宗教的な義務としてスカーフをしている。この場合は、たしかに宗教的な自由は

公立校での「宗教的シンボル」の着用を禁止する法案に対する抗議デモ（2004年1月17日、マルセイユ　写真提供／共同通信社）

どこまで認められるかという問いに答える必要がある。

いいかえれば、法的な原則としてのライシテが回答をあたえるべき状況は、第四のケースだけ。ほかはむしろ、衝迫力のある宗教的なシンボルが、何かの力関係の表現として、あるいは抵抗の身振りとして使われたといったほうが正確であると思われる。

プロテスタントの牧師の議論を紹介したのは、あくまでもアプローチの一例というつもりである。わたし自身も、生身の人間が何を考え、どのような動機から行動しているのかという問いかけを大切にしたいと思う。スカーフ事件が、移民系ムスリムの若い女性という二重三重にマージナルな存在のマニフェストであることにも注目しよう。一九世紀、カトリックの活動の内部にも、これと相通じる女性の自己実現という主題があった。

検討すべきは、そうしたマニフェストの起因となっている社会的差別の構造のほうだろう。親に強制された場合は別として、一五歳の少女たちがスカーフを身につけているのは、イスラームが政教分離を許さないからではない。そうではなく政教分離という原則にたつ今日のフランス共和国のなかで、生まれながらに周縁化された者として、もっとも劇的でシンボリックな効果をもつ異議申し立てが何であるかを、少女たちは知っている。その上で、彼女たちは主体的に行動しているのである。

市民社会の軋轢《あつれき》には、さまざまの原因が複合的にからむ。それを丹念に、時間をかけて解きほぐしてゆくことで、わたしたちも成熟した市民意識をもつことができるのではないか。コリン・コバヤシ編『市民のアソシエーション』が、市民として行動することへの誘《いざな》いであるとしたら、わたしは本書を、市民として考え、学ぶことへの誘いとしたい。そんな願いをこめて、ささやかな論考のしめくくりとしよう。

おわりに

この小著にはふたつのねらいがあった。第一に、カトリックが国教であった国が、徐々に宗教の頸木《くびき》から解放されてゆくときに何が起きるのか、なるべく目に見える風景として描き出そうとこころみた。第二の課題は、カトリック教会と共和主義の闘いのなかからしだいに姿をあらわす市民的な価値とはどのようなものであったかを再構成することにある。

「非宗教化」という言葉は、信仰生活の一方的な衰退という物語を連想させてしまいがちであるけれど、事態ははるかに複雑だった。じっさい市民的な連帯感の育成に関しても、共和主義が独占的にこれに貢献したのではない。一九世紀を通じて上昇気流に乗っていた修道士や修道女の「コングレガシオン」は、学校や病院や地域住民の福祉のために精力的に活動を展開する字義通りの「アソシアシオン」であったことを忘れてはなるまい。

ジュール・フェリーをはじめとする第三共和政初期の政治家たちは、教育の現場や国会や地方議会など、公的な場には宗教は介入しないという大原則を確立しないかぎり、ようやく手にした議会政治に基づく共和政の存続すら危ぶまれると考えていた。国家が宗教からの自由を確保するために、国民は宗教活動について一定の制限を課され、ある種の不自由を受けいれることを求められる。これが、第四共和政、第五共和政の憲法にも謳《うた》われているライシテ原則である。

ここで基礎をかためられたフランス共和国の「市民」とは何か。それは今の日本にとっていかなる意味で参照モデルとなりうるか。これは当然あってしかるべき第三の設問といえるのだが、今後の検討課題としよう。とりあえず確認しておきたいのは、次のことだ。「自由・平等・友愛」という市民社会の理想にしても、「自律した個人」「能動的な市民」あるいはＮＰＯの活動といった今日的な議論や話題にしても、その思想的な潮流は、フランス第三共和政の初期、つまり本書の後半で考察した時代に大きな水源をもっている。

二〇〇六年の夏に刊行されたレジス・ドゥブレ、樋口陽一、三浦信孝、水林章の共著『思想としての〈共和国〉――日本のデモクラシーのために』には、タイトルからも推察されるように、この設問に関して示唆に富む議論が展開されていることを言いそえておこう。

政教分離や宗教の位置づけをめぐる論争は、グローバル化した世界の喫緊《きっきん》の政治課題にむすびつく。関連書の出版も百花斉放の活況を見せており、こころみに laïcité をフランス語の Amazon で検索してみると、瞬時に三〇〇を超える新刊書のリストがならぶ。しかし、これはあくまでもヨーロッパの事情であり、ふりかえってみると、わが国では現代思想の領域に何人かの論客がいるものの、歴史学の知見をふまえた平明なライシテの解説書はほとんど見当たらない。谷川稔『十字架と三色旗』（一九九七年）は学問的であると同時に一般読者にも開かれた唯一の文献ではないだろうか。

　さらに補足しておくなら、近年のフランス語の文献は、歴史的な経緯や了解済みの議論を前提としてアクチュアリティに切り込んだものが圧倒的に多い。わたしが繙読《はんどく》した書物など、氷山の一角とすらいえないのだが、それはともかく、基礎知識の不足ゆえに字面は理解してもいっこうに論点が見えない、あるいは抽象的な議論としてはわかったつもりでも風景が目に浮かばないというもどかしさが終始つきまとった。新書の執筆は、そうしたもどかしさをすこしでも解消するために、自分でえらんだ道でもあった。

　華やかなラインアップの新書のなかで、やや真面目すぎるかもしれない企画に耳をかたむけ、辛抱づよく待ってくださった本橋浩子さん、そして彼女の異動後に編集担当を引き継いでくださった阿佐信一さんに心からの感謝をささげつつ。

二〇〇六年一一月

参考文献（本書で引用もしくは直接に参照されたものに限る）

『岩波キリスト教辞典』大貫隆、名取四郎、宮本久雄、百瀬文晃編集、岩波書店、二〇〇二年
『キリスト教史9――自由主義とキリスト教』ロジェ・オーベール他著、上智大学中世思想研究所編訳／監修、平凡社ライブラリー、一九九七年
『キリスト教史8――ロマン主義時代のキリスト教』B・ド・ソーヴィニー他著、上智大学中世思想研究所編訳／監修、平凡社ライブラリー、一九九七年
『聖書思想事典』X・レオン・デュフール他編、三省堂、一九九九年
『世界の歴史21――アメリカとフランスの革命』五十嵐武士／福井憲彦著、中央公論社、一九九八年
『世界の歴史22――近代ヨーロッパの情熱と苦悩』谷川稔／北原敦／鈴木健夫／村岡健次著、中央公論新社、一九九九年
『フランス革命事典』1―7巻、フランソワ・フュレ／モナ・オズーフ編、河野健二／阪上孝／富永茂樹監訳、みすずライブラリー、一九九八―二〇〇〇年
『フランス法辞典』山口俊夫編、東京大学出版会、二〇〇二年
『フランス文学辞典』日本フランス語フランス文学会編、白水社、一九七四年
工藤庸子『ヨーロッパ文明批判序説――植民地・共和国・オリエンタリズム』東京大学出版会、二〇〇三年
コリン・コバヤシ編著『市民のアソシエーション――フランスＮＰＯ法１００年』太田出版、二〇〇三年

フランチェスコ・シオヴァロ／ジェラール・ベシエール『ローマ教皇』鈴木宣明監修、後藤淳一訳、創元社「知の再発見」双書、一九九七年
谷川稔『十字架と三色旗――もうひとつの近代フランス』山川出版社、歴史のフロンティア、一九九七年
成瀬治『近代市民社会の成立――社会思想史的考察』東京大学出版会、歴史学選書、一九九七年
シルヴィ・バルネイ『聖母マリア』船本弘毅監修、遠藤ゆかり訳、創元社「知の再発見」双書、二〇〇一年
樋口陽一『個人と国家』集英社新書、二〇〇〇年
深沢克己「移動する人々とフリーメイソン世界共和国」、工藤庸子／池上俊一編『都市と旅――フランス語で世界を読む』放送大学教育振興会、二〇〇五年
ピエール・ミケル『ドレーフュス事件』渡辺一民訳、白水社、一九九〇年
渡辺一民『ドレーフュス事件』筑摩書房、一九七二年

Encyclopædia Universalis, version 7
Jean BAUBÉROT, *Histoire de la laïcité en France*, Presses Universitaires de France, Que sais-je? 2000
Jean BAUBÉROT, Valentine ZUBER, *Une haine oubliée, L'antiprotestantisme avant le «pacte laïque» (1870-1905)*, Albin Michel, 2000
Guy BEDOUELLE, Jean-Paul COSTA, *Les laïcités à la française*, Presses Universitaires de France, 1998
François-René de CHATEAUBRIAND, *Mémoires d'outre-tombe*, Le Livre de poche, La Pochethèque,

1973

Jean-Michel BELORGEY, *Cent ans de vie associative,* Presses de Sciences Po, 2000

Auguste COMTE, *Discours sur l'esprit positif,* Librairie Philosophique J. Vrin, 1995

Gustave FLAUBERT, *Madame Bovary,* Préface, notes et dossier par Jacques Neefs, Le Livre de poche, 1999

Jean-Michel GAILLARD, *Jules Ferry,* Fayard, 1989

Raoul GIRARDET, «Jules Ferry et l'image d'une République à fonder», *Jules Ferry, fondateur de la République,* Actes du colloque organisé par l'Ecole des Hautes Etudes en Sciences Sociales présentés par François Furet, Editions de l'Ecole des Hautes Etudes en Sciences Sociales, 1985

Victor HUGO, *Ecrits politiques, Œuvres complètes,* Robert Laffont, Bouquins, 1985

Victor HUGO, *Les Misérables,* Préface et annotation de Guy Rosa, Commentaire par Nicole Savy, Le Livre de poche, 2003

Alain HOUZIAUX (sous la direction de), Jean BAUBÉROT, Dounia BOUZAR, Jacqueline COSTA-LASCOUX, *Le voile, que cache-t-il?* Les Editions Ouvrières, 2004

Claude LANGLOIS, «Féminisation du catholicisme», Jacques Le Goff et René Rémond, *Histoire de la France religieuse, 3. Du rois Très Chrétien à la laïcité républicaine XVIIIe-XIXe siècle,* volume dirigé par Philippe Joutard, Editions du Seuil, 1991

Madelaine LASSÈRE, *Villes et cimetières en France, De l'Ancien Régime à nos jours, Le territoire des morts,* L'Harmattan, 1997

Claude LEVIÈVRE, *Jules Ferry, La République éducatrice,* Hachette, Education, 1999

Guy de MAUPASSANT, *Une vie, Œuvres complètes, Romans,* édition établie par Louis Forestier, Editions Gallimard, Bibliothèque de la Pléiade, 1987

Jean-Marie MAYEUR, *La Séparation des Eglises et de L'état,* Les Editions Ouvrières, 2005

Gabriel MERLE, *Emiles Combes,* Fayard, 1995

Mona OZOUF, *Jules Ferry,* Bayard, 2005

Mona OZOUF, «Liberté, égalité, fraternité», *Les Lieux de mémoire,* tome 3, sous la direction de Pierre Nora, Gallimard, Quarto, 1997

René RÉMOND, *Religion et société en Europe,* Editions du Seuil, 1998

René RÉMOND, *La République souveraine, La vie politique en France, 1879-1939,* Fayard, 2002

René RÉMOND, *L'anticléricalisme en France, de 1815 à nos jours,* Fayard, 1999

Christian SORREL, *La République contre les congrégations, histoire d'une passion française 1899-1904,* Les Editions du Cerf, 2003

講談社現代新書　1874

宗教《しゅうきょう》vs.国家《こっか》――フランス〈政教分離《せいきょうぶんり》〉と市民《しみん》の誕生《たんじょう》

二〇〇七年一月二〇日第一刷発行

著者　工藤庸子《くどうようこ》

発行者　野間佐和子
発行所　株式会社講談社
東京都文京区音羽二丁目一二―二一　郵便番号一一二―八〇〇一
電話　出版部　〇三―五三九五―三五二一
販売部　〇三―五三九五―五八一七
業務部　〇三―五三九五―三六一五
装幀者　中島英樹
印刷所　大日本印刷株式会社
製本所　株式会社大進堂
定価はカバーに表示してあります　Printed in Japan

N.D.C.235　206p　18cm
ISBN978-4-06-149874-7

「講談社現代新書」の刊行にあたって

教養は万人が身をもって養い創造すべきものであって、一部の専門家の占有物として、ただ一方的に人々の手もとに配布され伝達されうるものではありません。

しかし、不幸にしてわが国の現状では、教養の重要な養いとなるべき書物は、ほとんど講壇からの天下りや単なる解説に終始し、知識技術を真剣に希求する青少年・学生・一般民衆の根本的な疑問や興味は、けっして十分に答えられ、解きほぐされ、手引きされることがありません。万人の内奥から発した真正の教養への芽ばえが、こうして放置され、むなしく滅びさる運命にゆだねられているのです。

このことは、中・高校だけで教育をおわる人々の成長をはばんでいるだけでなく、大学に進んだり、インテリと目されたりする人々の精神力の健康さえもむしばみ、わが国の文化の実質をまことに脆弱なものにしています。単なる博識以上の根強い思索力・判断力、および確かな技術にささえられた教養を必要とする日本の将来にとって、これは真剣に憂慮されなければならない事態であるといわなければなりません。

わたしたちの「講談社現代新書」は、この事態の克服を意図して計画されたものです。これによってわたしたちは、講壇からの天下りでもなく、単なる解説書でもない、もっぱら万人の魂に生ずる初発的かつ根本的な問題をとらえ、掘り起こし、手引きし、しかも最新の知識への展望を万人に確立させる書物を、新しく世の中に送り出したいと念願しています。

わたしたちは、創業以来民衆を対象とする啓蒙の仕事に専心してきた講談社にとって、これこそもっともふさわしい課題であり、伝統ある出版社としての義務でもあると考えているのです。

一九六四年四月　野間省一